MUSEUM INFORMATICS SERIES 1

博物館情報学シリーズ……

ミュージアムの情報資源と目録・カタログ

水嶋英治・田窪直規 [編著]

樹村房

「博物館情報学シリーズ」の刊行にあたって

　今日の博物館はもはや建物としての博物館ではなく，今や地球市民に情報を提供するシステムへと変身した。情報社会の到来によって，これまでの娯楽，教育，教養が変化し，多かれ少なかれ日常生活はインターネットの恩恵を受けている。きわめてアナログ的世界であった博物館・美術館がデジタル世界との関係を発展させ，ネットワークで結ばれている状況も普通の姿になった。その意味で，ネットワークは地球市民と博物館・美術館をつなぐ大きな架け橋である。

　20世紀の工業社会はコマンド，コントロール，チェックの3Cによって制御されていたといわれるが，21世紀の情報社会はコラボレーション（協働），コミュニケーション（相方向），コンプリヘンション（共通理解）の3Cによって構成される社会である。博物館，図書館，文書館のもつ文化資源の共通性とピエール・ノラのいう「記憶の場」すなわちコメモラシオン（記憶・記録遺産）も博物館情報学のキーワードであろう。暗喩的にいえば，博物館情報学はカルチャー，コメモラシオンの本質的な2Cの基盤の上に，上記の3Cが組み合わさって成立する学問体系といえるかもしれない。

　現在，博物館界は情報に対してどのような取り組みをしているのか，今日までの到達点や研究成果を一度俯瞰してみようと「博物館情報学シリーズ」を企画した。以下，簡単に本シリーズの構成について述べておきたい。

　第1巻は博物館情報学の基礎としての「情報資源と目録・カタログ」を中心にまとめた。第2巻は「コレクション・ドキュメンテー

ションとデジタル文化財」を取り上げた。これまでの博物館学の中で，正面から取り上げられてこなかった目録やコレクション・ドキュメンテーションを主題として真正面から取り上げたのは本シリーズの特徴であろう。第3巻は情報発信を重視しながら博物館のSNSを中心に「ソーシャル・ネットワーキング」について考察した。技術革新の最も速い分野であるため，本巻は内容のアップデートも必要であろう。第4巻と第5巻は博物館と来館者をつなぐコミュニケーションも情報によって成立する活動であるため，博物館機能としての「展示」活動と「教育」活動を取り上げた。第6巻と第7巻は，人工的に創りだす映像空間「プラネタリウム」と生態系施設「動物園・水族館」について焦点を絞った。これらの施設が如何にデジタルと関係が深いかが理解されるであろう。そして最後の第8巻は，博物館・図書館・文書館の連携の実践として「ミュージアム・ライブラリとミュージアム・アーカイブズ」を中心テーマとした。本シリーズの中でも目玉の巻のひとつである。

　記述にあたっては，各巻とも専門的な内容に踏み込みながらも新書レベルの平易さで解説することを心がけたつもりであるが，中には耳慣れない専門用語が登場することもあるかもしれない。本シリーズがひとつの知的刺激剤となり，批判・言説・修正・再考を繰り返しながら，博物館情報学がさらなる進化を遂げていくことを切に願うものである。

　2016年12月

企画編集委員を代表して
筑波大学教授　水嶋英治

ミュージアムの情報資源と目録・カタログ
もくじ

「博物館情報学シリーズ」の刊行にあたって————————1

序章　博物館情報学体系化への試み————————(水嶋)——7
　　博物館情報学とは　7
　　博物館情報，博物館情報学の定義　8
　　博物館情報学の研究領域　10

1章　博物館情報学の三大原則————————(水嶋)——13
1.1　博物館情報学の扱う範囲　13
　　1.1.1　情報革命の影響　13
　　1.1.2　博物館情報の種類　16
1.2　博物館情報の三大原則　22
　　1.2.1　博物館情報の正確性　23
　　1.2.2　博物館情報の公開性　26
　　1.2.3　博物館情報の成長性　28
　　1.2.4　ユネスコの世界文化宣言　30
1.3　情報システムとしての博物館　32
　　1.3.1　ストランスキーによる博物館学の体系化構想　32
　　1.3.2　資料の選択理論　37
　　1.3.3　名辞化システム　39
　　1.3.4　知識変換システムとしての博物館　40

2章　博物館情報学と図書館情報学の比較
——情報資源，目録・カタログにも注目して——（田窪）—48

- 2.1　博物館情報学と図書館情報学 …………………………………… *49*
  - 2.1.1　図書館学の成立と図書館情報学への展開　*49*
  - 2.1.2　博物館情報学　*53*
- 2.2　博物館資料と図書館資料 ………………………………………… *55*
  - 2.2.1　図書館資料の特徴　*55*
  - 2.2.2　博物館資料の特徴　*57*
- 2.3　博物館の目録・カタログと図書館の目録・カタログ …… *59*
  - 2.3.1　用語整理——本節でいう目録　*59*
  - 2.3.2　閲覧目録か事務目録か——目録の性格の差　*60*
  - 2.3.3　目録整備率と博物館情報学の問題点　*61*
  - 2.3.4　業務の中における目録の位置づけ　*61*
  - 2.3.5　目録の史的展開　*64*
  - 2.3.6　目録の情報項目　*72*
  - 2.3.7　目録の将来　*80*
- 2.4　まとめ ……………………………………………………………… *81*

3章　博物館情報の編集と知的活動　　　　　　　　（水嶋）—88

- 3.1　博物館目録の史的展開 …………………………………………… *88*
  - 3.1.1　中国目録学『目録学発微』　*91*
  - 3.1.2　ニケリウス著『ムゼオグラフィア』　*95*
  - 3.1.3　目録とカタログの相違点　*100*
  - 3.1.4　棚橋源太郎の『博物館学綱要』と鶴田総一郎の「博物館学総論」　*102*
- 3.2　知識情報資源としての記録価値 ………………………………… *107*
  - 3.2.1　経済的価値 vs 記録価値　*107*
  - 3.2.2　資料の分類　*111*

もくじ

3.3　コレクション情報の編集と加工 ……………………………… 118
　3.3.1　日本の博物館の目録化率　*118*
　3.3.2　資料の組織化と情報資源の組織化　*119*
　3.3.3　資料目録の重要性　*123*

4章　歴史的に見た博物館の目録 ────────(田良島)─*130*

4.1　博物館の目録とは ……………………………………………… *130*

4.2　日本の博物館の草創期及び帝室博物館以降の目録 ……… *132*
　4.2.1　明治前期博物館の目録　*132*
　4.2.2　帝国博物館の目録刊行　*134*
　4.2.3　奈良及び京都帝室博物館の目録　*141*
　4.2.4　大正期の東京帝室博物館の目録　*142*
　4.2.5　列品区分の変更と第二次大戦後の目録刊行　*143*

4.3　帝室博物館以外の博物館の目録 ……………………………… *148*
　4.3.1　遊就館　*148*
　4.3.2　神宮農業館　*148*
　4.3.3　逓信博物館　*151*
　4.3.4　大倉集古館　*151*

4.4　考察 …………………………………………………………… *153*

5章　博物館活動の記録化について ────────(宮瀧)─*155*

5.1　はじめに ── 資料保管機関としての博物館 …………… *155*
　5.1.1　資料(作品)の展示と保管との相矛盾する関係　*156*
　5.1.2　資料保管機関の生命線としての博物館活動の記録　*157*

5.2　博物館活動の全貌を記録する『年報』『館報』『要覧』 …… *157*
　5.2.1　国立館，都道府県立館，区市町村立館の『年報』『館報』『要覧』　*158*
　5.2.2　『年報』『館報』『要覧』の現状と課題　*167*

5.3 博物館の社会的使命としての資料目録の公開・作成 167
  5.3.1 資料目録の作成の現状と課題　168
  5.3.2 インターネットを用いた資料目録の公開　169
5.4 展示図録の種類とその使命 170
  5.4.1 常設展図録　170
  5.4.2 企画展図録　171
5.5 展示等のリニューアルの記録化について 179
5.6 展示の記録化と紙媒体 181

6章　事例研究　市立館の目録刊行
  ──『金沢湯涌夢二館収蔵品総合図録』────（毛塚）─184

6.1 竹久夢二資料の現存状況と課題 184
  6.1.1 竹久夢二について　184
  6.1.2 夢二資料の伝来・研究状況　185
6.2 金沢湯涌夢二館収蔵品総合図録について 185
  6.2.1 図録の構成　186
  6.2.2 分類と目録の配列　188
  6.2.3 特色・工夫　189

あとがき ───────────────────195
参考図書案内 ──────────────────196
さくいん ───────────────────199

序章

博物館情報学体系化への試み

博物館情報学とは

　博物館情報学とはどのような分野なのだろうか。この名称からは，博物館学と情報学が関係しているように思える。そこで，まず，2段にわたって，博物館学と情報学がどのような分野なのかについて述べることから始めたい。

　博物館学は，①博物館史，②博物館の理念，③博物館の分類方法，④博物館の法的研究をはじめとして，⑤資料研究（資料学，文化財学），⑥展示学，⑦博物館教育学（教授法），⑧保存科学，⑨博物館建築学，⑩博物館経営学等を含む総合科学である。部分的には人文社会科学系であり，部分的には理科系・工学系の分野と重なり合う領域もある。

　一方，情報学の領域も広範囲に及び，例えば『情報学事典』（弘文堂，2002）によれば，情報学を「情報基礎」「情報法・情報政策」「情報経済」「情報工学・情報科学」「情報文化」「生物情報」「情報複合領域」の7分野に大分類している。

　博物館学と情報学の二つの領域が重複する部分が「博物館情報学」という領域を創出するのであろうが，それが成立するためには，「学」としての方法論，「学」の構造・体系，専門用語の3点セットが揃う必要がある。

博物館学の体系の中で「情報」が明確に位置づけされたのはそれほど古いことではない[1]。「博物館情報学」としての位置づけを検討する時期に来ていることは喜ばしいことでもある。田窪は本巻2章の中で，博物館学の一分科として博物館情報学を捉えているが，その分科の中でも整合性をとり，体系化していくことが望まれよう。まだ体系にはいたらず，領域を確定する専門用語も収集されていない現段階で（学としての定義づけは不可能であるにしても），仮の定義として次のように表現しておきたい。

博物館情報，博物館情報学の定義

　「博物館情報学」を定義するために，まずは「博物館情報」から定義する。

　博物館情報とは，「博物館資料を構成する各要素を結びつけ，有機的な働きをもつ統一体の情報，また資料を構成する情報の一部」をいう（具体例は，1.1.2で取り上げる）。

　博物館情報学とは，「博物館の資料情報（美術館の作品情報，自然史博物館の標本情報を含む）と博物館の情報表現技術を学術的知識に照らしあわせ，系統性のある情報学および方法論として博物館情報を研究する学問領域」をいう。

　産業は，時代の繁栄とともに勃興し，あるいは時代とともに衰退していくものである。長い歴史を振り返れば，狩猟の時代から農業の時代を迎え，その次に訪れた産業革命の後には，鉱工業の時代が長い間続いた。第一次産業，第二次産業と続き，現代社会は第三次産業が中心に歯車がまわっているが，高度な情報通信網とコンピュータを駆使した産業である第四次産業に移行しつつある。今日は情報の時代であり，知識基盤社会であるといわれるゆえんであ

る。

　「文化」や歴史的な「文化財」は社会を下支えする基盤であるためか，時代の中心になることもなく，残念ながら表舞台に出ることはない。しかし，歴史的資料が急速に失われつつある現代社会では，その危機感のためか文化財や文化事象をデジタル保存する動きがICTと結びついて顕在化しているのは周知のことであろう。

　映画，出版，音楽，演劇，ミュージカル，オペラ，メディア・アートなど，文化に関連する産業を「文化産業」または「文化創造産業」と呼んでいるが[2]，私たちの生活に潤いを与える産業といえる。博物館を産業と捉えた場合，これに属すると考えられるが，これは教育産業の中に位置づけることもできる。さらには，博物館の中には新しいビジネスとして保有するコンテンツをデジタル化している館もあり，広い意味でのコンテンツ産業，ICT産業ということもできる。

　わが国では博物館学は1970, 80年代頃から盛んになり始めたが，1990年代後半にはIT時代を反映するかのように，情報技術を用いた「バーチャル・ミュージアム」や「デジタルアーカイブズ」と結びついた新しい方法論も登場している。こうした背景には，今世紀の博物館における資料概念がこれまでにもまして拡大してきたということがある。具体的には，博物館資料の情報面が強調されるという形で概念拡大が起こっている。その結果，「デジタル文化財」という考え方も登場してきている（デジタル文化財は本シリーズ第2巻で取り扱う）。

　一方，ICT環境も変貌を続けている。日本は世界1，2位を争うコンピュータ科学・技術を誇る国であるが，こと博物館界に限定して観察すれば，まだまだハードウェアに翻弄されすぎていないでも

ない。例えば，国内外の博物館はメディア変換に多大な労力（人と時間と経費）を投入している。クラウド・コンピューティングが広く行きわたればこの問題も解消されるのであろうが，博物館で情報に新たな投資をするならば，情報戦略の定期的な見直しと資料整備の中・長期戦略が必要であろう。

今回の「博物館情報学シリーズ」の企画では，博物館の資料情報をかなり強く意識しているが，まだ博物館を情報面から捉えるという意識や考え方の裾野は広がっていない。それもそのはずであろう，博物館資料に関する「情報」や文化財に関する知識の全体を取り扱うほどの蓄積は現時点ではまだないに等しいからである。MLA（博物館，図書館，文書館）連携やネットワーク情報資源がある一定以上の秩序体系をもてば，新しい学としての体系が生まれてくるかもしれず，その点に執筆者たちは密かに期待をかけているのである。

博物館情報学の研究領域

博物館情報学の研究領域はどの範囲を指すのであろうか。近年展開される博物館活動の特徴は，図書館との連携，アーカイブズとの連携などが重要視されるようになってきた点にある。その意味で，本シリーズには『ミュージアム・ライブラリとミュージアム・アーカイブズ』（第8巻）を収めた。また博物館活動の基本である「展示」「教育」活動も情報という切り口から博物館機能と情報の関係を取り上げている（第4，5巻）。さらに今日の社会的動向を踏まえ，デジタルアーカイブやソーシャル・ネットワーキング・サービス（SNS）なども対象にしている（第3巻）。というのは，デジタルアーカイブやSNSを博物館情報学の対象外に置いてしまうと博物館情

報学が成立しないといえるくらい重要な位置を占めているからである。また，本シリーズでは，デジタル技術によって投影番組が制作されるプラネタリウム（第6巻）に加え，博物館資料のほかにも，生きた生物資料（展示動物）を扱う動物園（第7巻）なども対象とした。

まだ不完全であるが，博物館情報学の研究領域の全体像を考えてみると，おおよそ次の5つの系に分類できる。本シリーズでは取り上げていない部分もあるが，今後これらの分野が発展していけば，さらに充実した体系になっていくのではないだろうか。

博物館情報学の研究領域と本シリーズ

研究領域としての系	内　　容
モノ－資料情報系	博物館資料の組織化，目録化，資料情報の記録化（第1巻），共有化，データベース，情報の構造化，データモデル，メタデータ（第2巻）
人－情報系	視覚情報，聴覚情報，言語情報，マルチメディア感情情報，インタフェース
情報空間系	博物館情報と社会，博物館情報と環境，博物館活動の情報化，SNS（第3巻），展示情報空間（第4巻），教育情報空間（第5巻）
情報工学系	博物館情報の表現方法，資料の3次元表現，バーチャルリアリティ（第6巻），ネットワーク技術，DBその他の技術（第7巻）
組織－制度系	MLA連携（museum, library, archives），組織活動，ミュージアム・ライブラリ，ミュージアム・アーカイブズ（第8巻），情報制度，情報政策

引用参考文献・注

1：1980年に *Information Handling in Museums* を著したエリザベス・オルナとチャールズ・プティットが初期の著作であろう。この著作は，博物館学，管理科学（Management Science），情報科学（Information Science）を緊密に一体化させた内容である。日本語訳は書名を変えた *Information Management in Museums* の第2版（1998）で『博物館情報学入門』（勉誠出版，2003）として刊行されている。

2：中国や台湾では，文化創意産業と称することも多い。

1章
博物館情報学の三大原則

1.1 博物館情報学の扱う範囲

　第1巻のタイトルは「博物館の情報資源と目録・カタログ」だが，当シリーズの第1巻でもあるため，序章にて序説的な位置づけの議論を行い，博物館情報学と本シリーズの簡単な見取り図を示した。ここからは，この第1巻のタイトルを意識して情報資源および目録・カタログに関わる情報に焦点を当てる。

1.1.1 情報革命の影響

　今世紀は情報革命の時代であり，コンピュータによる情報処理技術の高度化，そしてネットワーク上の通信技術の発展によって前世紀末から続く情報革命が起こった。不特定多数への情報発信を独占してきたのはマスメディアや行政主体であったが，今日では誰もが簡単にウェブサイトやSNSによって情報発信者になることができるようになった。

　誰もが情報発信できるという動きは社会全体に及び，文化・芸術・学術分野にも当然のように影響を及ぼしている。ミュージアム・ライブラリ・アーカイブズ（MLA）の世界にも情報革命が浸透しているのは万人周知の事実である。人類社会が築き上げてきた博物館という伝統的な文化保存機関の新しい運営形態として「情

報」が脚光を浴びているのは大きな時代の潮流から見れば至極当然のことである。

わが国には5,700館以上の歴史博物館・美術館・科学博物館など多種多様な博物館が存在し，この文化集団・学術集団が生み出す情報量は膨大である。しかし，旧態の方法論では博物館の「集客」は望むべくもなく，博物館はコンテンツ・ビジネスであると発想を変え，メディア産業として捉え直す必要性も出てきた。メディアとしての博物館が効率的に情報を創造し，広く情報提供できればメディア産業と変化することができるであろう。

仕事・生活・学習の中で，あるいは博物館や図書館の中で，いつでも，どこでも，誰とでもコミュニケーションでき，必要な情報を必要な時に，必要なだけ利用できる高度情報社会の中にいる私たちは，これからの博物館の在り方を抜本的に見直し，情報社会の中で存在する博物館の意義を今一度考察し直す必要がある。

学術機関としての博物館をコンテンツ・ビジネスという観点から捉えるのであれば，資料，美術館作品，自然史標本等に関する学術情報やデータについては，より厳格な対応が求められることになる。すなわち，①資料情報や作品情報（コンテンツ）の制作・編集・加工・デジタル化，②学術情報の流通とネットワーク上での配信，③知的所有権の専門的知識と著作権法の運用，④従来の学芸業務に加え，デジタル・キュレーション（電子文化財管理）をできるようにするための人材養成の4点である。その一方で，情報が一人歩きすることなく，資料・作品・標本の物理的保存，収集，利用公開についてもないがしろにすることなく，基本中の基本要点であるドキュメンテーションについても押さえておかなければならない（これについては2章でくわしく紹介する）。ということは，情報革命の

影響によって従来の博物館業務に「情報」中心の業務が付加されたともいえるのである。むしろ，単に業務が付け加わったというのではなく，情報という観点から博物館業務を再編成すべきと考えるべきなのかもしれない。今日の学芸員や博物館スタッフは以前にもましてますます忙しくなっていることを思えば，情報がスムースに流れていない理由もこの辺りにあるのであろう。

　さて，本シリーズの大テーマである「情報」概念についてここで一言述べておきたい。「情報」の捉え方は人それぞれであるし，またこの「情報」概念には広く社会的に認知された唯一の定義は存在しない。本書の執筆陣も各人各様で使用しているだろうし，単なる断片的なデータも「情報」と称する場合もあるだろう。しかし，この博物館情報学シリーズ全8巻に共通していることが一つある。それは，博物館の情報には「意味」と「価値」をもたせることが必要であり，それゆえに「誰かに何かを伝達する」ことが可能になる，という点の共通理解である。全8巻を通して学ぶことがあるとすれば，それは博物館・美術館情報がどのように価値を創造するか，という基本的問いへの回答でもあろう。

　詳細は次項以下に述べていくことにするが，単純な例を一つ取り上げてみよう。ここに「60」という数字があるとする。この数値だけでは，何を意味するかわからない。60cmなのか，60分なのか，60歳なのか。この「60」という数字を（数値）データと呼ぶことにしよう。このデータに単位をつければ一つの意味が生じる。そして，文章の形にしたもの，例えば，「Aさんは60歳である」「Bさんは60kgの体重である」「C館には60点の作品が展示されている」となればより多くの意味が生じてくる。この意味（内容）こそ「情報」と呼べるものである。価値が生じればなおさらのこと情報に重みが

出てくるであろう。

　ところで，①こうした情報を博物館資料からどのように収集（採集）するか，②膨大に収集された資料の情報をどのように「整理」していくか，③資料の価値をどのように「表現」するか，④資料・作品・標本を「活用」しやすくするための方法は何かなど，博物館と情報の関係を追究していこうとするテーマは数多くある。こうした博物館と情報の関係を解き明かそうとするのが本シリーズのねらいの一つである。

　「情報」という日本語は，明治の文豪であり東京国立博物館館長であった森鷗外によって造語されたといわれている[1]。クラウゼヴィッツの『戦争論』を翻訳した際，「情報」という新語が誕生することになった。『戦争論』での「情報」は「知識の全体」であり，「計画ならびに行動の基礎」を意味していた。

　私たちは「情報」の語の下に「学」を付与し，「情報」の語の上に「博物館」という文化施設を意味する語を付け加えた。「博物館情報学」という新語を単なる造語で終わらせることなく，新しい学問体系として「意味」と「価値」を与え，知識の全体となるよう本シリーズを編集企画したつもりである。

　情報革命の影響によって新しい学問体系が形成されたとすれば，私たち執筆陣の仕事は一通り完成したといえるであろう。しかし，完成にはこれからも多くの努力を要し，本シリーズはスタートラインに立つための準備作業にしか過ぎない。

1.1.2　博物館情報の種類

　日本工業規格（JIS）では『情報技術』の中で，「情報」を以下のように定義している。

①伝達される事実
②コミュニケーションの過程において知識を増やす目的で事実または概念を表現するために使われるメッセージ（「JIS X0701」による定義）
③事実，事象，事物，過程，着想などの対象物に関して知り得たことであって，概念を含み，一定の文脈中で特定の意味をもつもの（「JIS X0001」による定義）

　国際標準化機構（ISO Ω）[2]と日本工業規格の「X0001 情報処理用語-基本用語」では，「データ」という用語を次のように定義する。

　　　情報の表現であって，伝達，解釈または処理に適するように形式化され，再度情報として解釈できるもの[3]。

　時折り，デジタルデータという言い方もされるが，この場合はコンピュータ内またはコンピュータに取り込める形になったデータのことを指す。単なる印刷物上の文字データと区別する場合には，文字コードに変換された「文字データ」，単なる印刷物上の画像データと区別して「ビットマップデータ」やJPEG方式の画像に変換された「画像データ」などをいう場合もある。コンピュータ内部の情報処理の場合は，わざわざデジタルデータと称することはほとんどない。

　改正博物館法第2条3項（博物館の定義）において「博物館資料とは，博物館が収集し，保管し，又は展示する資料（電磁的記録（電子的方式，磁気的方式その他人の知覚によっては認識することができない方式で作られた記録をいう。）を含む。）をいう」と定義されてい

るが，ここでいう「電磁的記録」は，「電子データ」および「磁気データ」とほぼ同じ意味である。

では，博物館情報とは，いったい何を指すのであろうか。大雑把にいえば，博物館は資料を収集，保存，展示・教育に資する公的な研究・教育機関である。展示活動，教育活動，研究活動を通して取り扱う情報やデータは膨大な量に上る。所蔵コレクション情報や資料・作品・標本に関する情報のほかにもたくさんの情報がある。ここでは，それらの情報を整理し，博物館情報の種類について再度確認することによって前段の問いに答えたい。

（1） 資料・コレクション情報 (object/collection information)

博物館の基本は唯一無二の実物資料である。資料・作品・標本に関する情報が「博物館情報」と呼ばれるものである。厳密にいえば「資料情報」である。この「資料」の範囲は広く，実物資料，美術作品，自然史標本，視聴覚資料，古文書（アーカイブズ）資料，図書館資料なども含まれる。

日本の博物館学の草分け的存在である故・鶴田総一郎は，博物館を「もの・ひと・場」と定義した。しかし，記録（または情報）のない「もの」は博物館・美術館にとってみれば，ほとんど価値がないと断言できる。

以下では「資料の管理」と同時に資料管理に伴う情報管理の基礎を学んでいくことになるが，「記録のない資料は公共財にはなり得ない」ということを心に銘記しておくべきである。逆にいえば，公共の財産であるためには，きちんとした情報がなければならないのであり，そのために博物館・美術館は情報をたゆまなく生産していくのである。

1章　博物館情報学の三大原則

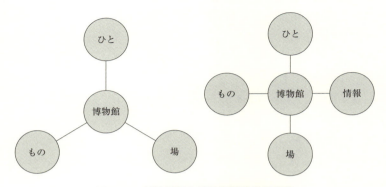

図1-1　博物館学と博物館情報学の定義
左が鶴田総一郎の定義，右が現代的な定義で「情報」が位置づけられている。
出典：日本博物館協会編『博物館学入門』[4] 理想社，1956. より筆者作成

　ところで，経済学では，「フロー」と「ストック」という概念がある。経済諸量が定期間内に変化・生起した大きさを示す「フロー」に対して，ある一時点に存在する経済諸量の大きさを示す概念が「ストック」である。この「フロー」「ストック」という概念を用いていえば，資料・コレクション情報はストック情報であるといえるであろう。蓄積型の情報といってもよい性質である。資料を分類し，コレクションとして形成していく際の方法論は，図書館情報学の鍵語を用いれば「資料の組織化」ということになる。

（2）運営・活動情報（museum activity information）

　第2番目の情報は，運営・活動情報である。運営・活動情報とは，博物館の運営に関する情報，すなわち催事案内，展示公開，教育活動に関する情報である。時間によって変化する流動的な情報であるためフローの情報である。アップデートされることが前提であるイ

ベント情報，特別展の開催時期，開館・閉館時間，休館日，教育プログラムの紹介，友の会・ボランティアの募集案内情報など，陳腐化されては情報としての意味が失われてしまうため，常に更新が求められる情報である。

近年では，SNS（Social Network Services）などを利用して，博物館は更新性の高い情報を常時アップデートするようになってきた。これまで中心であった紙ベースのチラシ・パンフレットなどのアナログ的な広報媒体が，ウェブサイト・SNSなどに置き換わるような様相を呈している。

（3）経営・財政・人事等のマネジメント情報
（museum management information）

博物館情報の第3番目は，管理情報，マネジメント情報である。上に述べた運営・活動情報が一般来館者とネット上の閲覧者をターゲットとしているのに対し，この管理情報は内部的であり，非公開の部分を含んでいるのが特徴的である。3例を挙げる。

①人に関する情報（個人情報）……博物館に働く職員の人事情報，寄贈者・寄託者に関する情報など

②モノに関する情報……資料の評価額（保険金，保険料），保管場所，学芸員用の目録に掲載されるデータなど

③組織に関する情報……資料購入予算，博物館運営の予算などの財務情報など

私立と公立の博物館とでは財務に関する基本的考えは異なっている。特に公立の場合は，透明性の確保や説明責任の観点（税金の使い道など）から情報公開が求められている。とはいえ，歴史資料・美術作品の購入に至るまでの交渉経緯や寄贈者の善意を無視した情

報公開については，社会的存在である博物館は慎重に構える必要もある。

(4) ネットワーク情報資源（network information resources）

ひと昔前に比べ今日では，博物館のアナログ的な情報資源がデジタル化され，インターネット上に公開されるようになっている。博物館のネットワーク情報資源とは個々の館がネット上で公開・提供する情報群の中から情報検索者がキーワードを入力することによって得られる情報の総体である。

この情報の総体は断片を串刺しすることによって集約化され価値ある情報群となる。情報検索技術の発達によって個々の情報的側面を上手に拾い出すことが可能になったネットワーク情報資源は，前世紀末から今世紀かけて生まれた「知の集合体」あるいは「集合知」ということもできるだろう。

死蔵されていた博物館の資料を「情報化」することによって，また強力な機能をもつに至った検索機能を用いることによって，ネットワーク情報資源として情報や知識を活用できるようになった意義はきわめて大きい。

さて，博物館情報学が取り上げる情報の種類の輪郭はおぼろげながら浮かんできたが，もう一つの側面すなわち博物館情報を必要とする人々，逆にいえば，博物館情報学が対象とする層をどの辺に置くのか，という問題が生じてくる。この対象層は，①一般の来館者（年齢層による），②教員，学校関係者，③専門家，研究者，④インターネット閲覧者（ネット上のビジター），⑤博物館関係者（学芸員や事務職員など）の5つに分類できる。ここで考えておかなければ

ならない点は,「誰を対象にするか」によって博物館の情報戦略は異なる,という点である。例えば,管理会計に関する情報を必要とする人たち(館長,設置者,理事会,協議会,外部管理組織,第三者評価機関,評価委員)と,外部の研究者・専門家が求める情報は基本的に異なることは誰でも想像がつくだろう。しかも,情報の受け手は不特定多数の対象層であるため博物館情報を閲覧する人々の情報探索行動はまちまちである。このようなことを踏まえると,情報の送り手(博物館側)は,対象層に対して「情報」をどのように取り扱い,提示しなければなければならないのか,この点を十分考えておかなければならない。

1.2 博物館情報の三大原則

博物館情報が有益なものとして広く一般市民に認識されるためには,博物館の発信する情報に信頼性がなければならない。博物館が研究機関・情報機関・教育機関である以上,信頼性のある情報を広く収集し,検証作業を行い,社会に発信していかなければならない。また博物館資料,芸術作品,自然史資料・標本などを利用する人々にとって博物館の発信する情報は使いやすいものでなければならず,情報サービスの提供を目的とした組織マネジメントや組織経営も求められる。

この節では,博物館情報の三大原則について述べる。三大原則とは,正確性,公開性,成長性の三つである。

1.2.1 博物館情報の正確性

> 博物館の情報は常に正確でなければならない。

　驚くことに，博物館が情報機関であると認識されるようになったのはつい最近のことである。それまで博物館を形容してきた類推語は，「社会の記憶装置」「記憶の場」「社会教育施設（または生涯学習施設）」「文化保存機関」「タイムマシーン」などさまざまであろう。

　一般的に考えれば，博物館はモノを中心に運営される活動主体であり，施設である。情報が中心に位置づけられるとは，なかなか考えにくい。こうした伝統的博物館像に対し，国立民族学博物館の館長であった故・梅棹忠夫は博物館における情報の意義を強調した。従来の博物館のように，モノ（この場合は民族学資料）を収集・展示するだけではなく，博物館全体を「情報」のかたまりとみなす新しい運営方法に挑戦し続けたのである。梅棹の情報を中心にした新しい博物館像を実現するための造語は「博情館」であった[5]。「博情館」ということばそのもののもつイメージはともかく，おそらく情報の重要性を主張したのは梅棹が最初であろう。

　情報を抜きにした鑑賞行為だけならばまだしも，よくよく考えてみれば，展示されている資料にラベル（情報の一片）だけでもないと何を示しているのかわからないことになる。つまり，「モノ」対「情報」どちらが重要かという問いよりも，「モノ」と「情報」が対にならなければならないのである。

　情報のない展示資料はありえない。今からおよそ60年前，文部

省が1953年に編纂した『学芸員講習講義要綱』[6]では,「情報の伴わない博物館資料というものは美的な価値はもつかもしれませんが,骨董品的価値しか持ちません」と述べている。展示学では,メッセージ性・情報性のない展示を「陳列」といい,情報のある「展示」と区別している点にも注意したい。

では,「モノ」が博物館資料となるための必要十分条件とは何であろうか。

「モノ」が博物館資料となるためには,そのモノが調査研究され,記録されることが必要である[7]。そこで,学芸員は資料からどのように情報を抽出しようかと悩むことになる。その場合の情報の一つは,目録をとるための情報であり,もう一つは調査研究によって明らかにされる学術的情報あるいは資料の背後にある歴史的・芸術的情報である。言い換えれば,資料の歴史的・社会的・文脈を示す情報とも言うことができる。

ところが,気をつけなければならないのは,この情報抽出作業の過程で間違いが生じやすい点である。ここで登場するのが第一の原則,情報の正確性である。正確か否かは,すぐにはわからない場合がある。その時,その時点で正しいと判断しても,後になって正確性に欠ける場合も出てくるだろう。そうした場合は,博物館という学術的権威であっても,謙虚に訂正し,正しい情報に修正しなければならない。

「情報は正確に」。こうしたことは一々言われなくても当然といえば当然である。しかし,博物館は何度も繰り返し不正確な情報を社会に公表してきた経緯がある。例えば,2000年に起きた旧石器捏造事件などはその例であろう。日本を震撼させた考古学者の度重なる「捏造」によって,過去四半世紀に及ぶ日本の前期・中期旧石器

時代研究のほとんどが学術的価値を失い、登録遺跡（埋蔵文化財包蔵地）の抹消や教科書の書き直し、博物館から展示品が撤去されるなど、社会的にも大きな影響が生じた。この事件では博物館はある意味で被害者であったともいえるが、一般者から見れば博物館にもウソの展示があったと思われてしまったのである。

脆弱な歴史的資料は保存の観点からレプリカ（複製品）を展示することもあるが、複製品をオリジナルといい、偽作を真正品ということは絶対にあってはならない。こうした来館者を騙す行為は社会的にも許されるべきではない。「騙すに手無し」といわれるように、実際には防ぐ手段はなく、職業人としての倫理観を信じるしか方法はないのだが、博物館情報の正確性を担保するためには、組織としてのチェック体制と組織的情報運営のマニュアル作成など検討の余地は山ほどある。

米国博物館協会が20年以上前に刊行した博物館政策レポート「卓抜と均等：教育と博物館がもつ公共性の様相」の中で、博物館が貢献できることとして次のように述べている。

　　博物館が貢献できることは『資料との直接の出会いの場を提供する』ことであり、同時に『知的厳密性と高い研究水準という伝統に基づくとともに、それと同じ程度の重点を、文化的視点の理解と表現におく』ことである[8]。

今一度この「知的厳密性」というキーワードとともに、情報の正確性を心に留めておきたい。

1.2.2 博物館情報の公開性

博物館はすべての人に開かれていなければならない。

　博物館の基本的使命は資料の保存と活用である。この「活用」の意味するところは二つある。一つは，資料を安全な形で展示に供し，教育利用することである。もう一つは，「情報」として利用することである。近年流行しているデジタルアーカイブなどは，まさにこの情報活用の典型例であろう。

　言うまでもなく，博物館・美術館には膨大な資料や作品，学術標本が所蔵されているが，館の方針である保存重視や資料の貴重さゆえに損傷を恐れ，資料を非公開する場合が多い。「死蔵」「退蔵」という語に見られるように，展示されている資料よりも収蔵庫に存在している資料も多い。例えば，規模としては世界有数のアメリカ自然史博物館（ニューヨーク市）の展示公開資料はわずか2％であり，残りの98％は収蔵庫の中にあるという。しかし，資料の情報なら公開は可能であろう。

表1-1　資料系と情報系の機能の関係

（物理的）資料を中心とした活動領域	資料の情報を中心とした活動領域
収　　集	デジタル情報の収集
保　　存	デジタル情報の長期保存
公開・展示	デジタル情報のネット上での公開
研究・資料記録	目録作成，ドキュメンテーション，ポータルサイト，データベース
教育活動	コンテンツの教育利用

ここに考えなければならないのは第2の原則，博物館情報の「公開性」である。

博物館の収蔵資料は公共財（公共用財産）である。広辞苑によれば，公共財とは「その便益を多くの個人が同時に享受でき，しかも対価の支払者だけに限定できないような財やサービス」を指す。博物館資料が真の意味で公共財になるためには「多くの個人が同時に享受できる」サービスを提供する必要があり，今日の社会的環境からいえば，インターネット上での公開が現実的かつ効率的であろう。

近年，博物館界では「見せる収蔵庫」が少しずつ日本各地で設置されるようになってきているが，来館者を常に収蔵庫に入れることは現実的ではない。非公開資料を公開するための方法の一つとして提案されているのが，資料画像の高品質化であり，画像の3次元化である。物理的には収蔵資料に直接手に触れることはできないにしても，収蔵資料（または死蔵資料）の情報にアクセスすることができるようになるだけでも大きな進歩である。実物を自分の眼で確かめず，間接的にのみ画像を見るのは本末転倒であると批判される向きもあろうが，情報サービスの拡張（非公開資料の公開）を考えれば，現段階よりもはるかに博物館の公共性・公開性が高まることであろう。その意味では，ハードや情報技術の機器の高性能化を急ぐよりも，ソフト面やコンテンツ面の充実を図り，公開性重視の方針を取るべきである[9]。

従来，博物館・美術館の情報のうち資料情報は，展示，展示解説（文）のほかに「図録」や展覧会「カタログ」という「冊子体」で発信されることが一般的であり，博物館自体に関する情報（例えば，特別展情報など）の発信には，チラシやポスターがよく使用されて

きた。しかし，今日では博物館・美術館は積極的にウェブサイトを通して，資料だけでなく，博物館に関する情報も発信している。

公開するための情報資料の学術的蓄積は，毎日コツコツと行っていくことが肝心である。「ローマは一日にしてならず」の諺のとおり，あの強大なローマ帝国も一日で完成したわけではなく，長い年月と多くの人々の努力によって建設されたのである。言うまでもなく，博物館・美術館は初めから巨大なデータベースを構築できるわけではなく，職員の毎日の積み重ねによってだんだんと整備されていくものである。データベースを構築していくためにデータ入力するような単純な仕事であっても，注意は怠らず真剣勝負のつもりでやらなければならない。例えば，数字を書く時もデータを入力する時も，1と7，7と9，5と6など，（アナログ的には）間違いないようにきちんと書き，丁寧にキーをたたかなければならない。手抜きをすれば，後世に歴史が歪められて伝えられることになり，公開の時点で信頼失墜という大きなしっぺ返しが必ず後に来ることを忘れずにおきたい。

1.2.3　博物館情報の成長性

> 博物館は情報が成長する有機体でなければならない。

図書館の世界ではランガナタンの著した『図書館学の5法則』[10]が有名であるが，この第5法則は「図書館は成長する有機体である」というものである。今回，博物館情報の分野でも「成長性」に着目してランガナタンのこの法則を注目したい。その際には，「図書館は」のところを「博物館は」というように読み替えることにする。

「成長」とは，あるもの（または，あること）が育って大きくなることである。この場合の「あるもの」とは言うまでもなく博物館情報を指す。前節では，資料情報は蓄積型であると述べたが，この蓄積は新しい事実の解明によってストックされていくべき性質のものである。八重樫純樹は次のように述べている[11]。

> 博物館を情報論として認識し，博物館機能とその中心となる資料の意味を損なわずに，いずれの機能要素のいずれかの部分を電子化し，発展的な創造性を生み出す仕組みの設定を行うことが，博物館情報化の意味である。

この仕組みこそ，組織的にも学芸員・スタッフの能力的にも考慮されるべきものである。しかし，一番肝心なのは情報自体の創造性であり，蓄積性であり，拡張性であろう。インターネット上で公開される情報を考えれば，前述の「成長性」という概念は今後のキーワードの一つである。

近年，ネットワーク上のソーシャルメディアを活用できるようになってきたため，誰でもが情報発信できるようになり，「情報」の生産が旧来の方式とは異なる形で展開されだしている。いくら経験を積んだ学芸員や知識豊富なキュレータであっても，ネット社会に参加する人々の知識の総体には及ばない。もはや専門家としての権威は揺らぎつつあり，一般の人々の総体知あるいは集合知の発生によって，博物館の資料情報が豊富にもなり，また逆にこれまでの常識を覆すことも起こりうる。ソーシャルメディアが登場して誰でもネットで発言できるようになって以来，「ネット集合知」は博物館の資料情報を成長させる原動力になる可能性は非常に高い。

一般市民が博物館資料の情報を生産する，という考え方は，博物館側・学芸員側にとってみればもちろん抵抗感があるだろう。しかし，博物館に初めてボランティアが導入された時，専門職としての学芸員業務がボランティアにできるはずがないと否定的であったにもかかわらず，今日では，博物館運営にボランティアは欠かせない人材・人的パワーとなっている。同じように，一般市民から情報が提供された時，博物館側はどのように対処していくべきなのであろうか。こうした問題や課題を今から検討しておくことは喫緊の課題である[12]。

　以上，博物館情報の三大原則として，正確性・公開性・成長性について述べてきた。こうした原則が重視されるようになったのも，社会全体が情報社会に移行したためであり，博物館も変わらなければならない時代になったといえるのである。

博物館情報の三大原則

> 1．博物館の情報は常に正確でなければならない。
> 2．博物館はすべての人に開かれていなければならない。
> 3．博物館は情報が成長する有機体でなければならない。

1.2.4　ユネスコの世界文化宣言

　文化財や博物館資料・コレクションに対するユネスコの考え方は「ユネスコ世界文化宣言」(2001年11月第31回ユネスコ総会にて採択)に明確に表れている。博物館情報学をこれから研究しようとする人たちにとっても役立つ内容だと思われる。とくに，この宣言の第6条から9条にかけての条文はデジタル化の基本的理念としても

おおいに尊重すべき考え方なので以下に抜粋するが、その前に第6条から9条の要点を記しておく。

①情報（映像など）の流通は万人に文化的多様性の道を開くこと（第6条）、②文化遺産は創造の源泉であること（第7条）、③文化的財と文化事業は単なる消費財として扱われてはならないこと（第8条）。こうした考え方は各国の文化政策・情報政策・教育政策とあいまって今後尊重されていく基本理念となるものである。

「文化の多様性に関するユネスコ世界宣言」（抜粋）[13]

> （第6条 すべての人が文化的多様性を享受するために）
> あらゆる思想の言語・表象による自由な交流を確保する一方で、すべての文化が、表現と普及の機会を与えられるよう注意を払わなければならない。表現の自由、メディアの多元性、多言語性、デジタル形態を含む芸術享受と、科学・技術情報入手の平等性、そしてすべての文化が表現と普及のための手段を与えられることが、文化的多様性を保障することになる。
>
> （第7条 創造性の源泉としての文化遺産）
> 創造は、文化的伝統の上に成し遂げられるものであるが、同時に他の複数の文化との接触により、開花するものである。従って、いかなる形態の遺産も、多様な文化における創造性を育み、真の異文化間対話を促すために保護・強化され、人類の経験と希望の記録として未来の世代に受け継がれなければならない。
>
> （第8条 文化的財・サービス：ユニークな商品）
> 経済・技術面での変化が著しく、創造と革新の可能性が大きく開かれている今日、創作活動の供給の多様性、作家・芸術家に対する正当な評価、そして文化的財・サービスの持つ

> 特異性を特に意識する必要がある。文化的財・サービスは，アイデンティティー，価値及び意味を媒介するベクターであり，単なる商品や消費財としてとらえられてはならない。
>
> (第9条 創造性の触媒としての文化政策)
> 　思想と作品の自由な流通を確保する一方で，各国がとる文化政策は，各地方及び世界的なレベルで自己主張を行うための手段を持つ文化産業を通じた多様な文化的財・サービスの生産・普及に資する環境を創り出すものでなければならない。各国は，その国際的義務を十分に尊重し，各国の文化政策を決定し，運用上の支援であれ適当な規制であれ，適切と判断される手段によって文化政策を実施する。

出典：文部科学省「文化的多様性に関する世界宣言」
　　　http://www.mext.go.jp/unesco/009/005/002.pdf

1.3　情報システムとしての博物館

1.3.1　ストランスキーによる博物館学の体系化構想

　今日の博物館学は残念ながらまだ完全に「学」として体系化されている段階にはない。上位の博物館学がそのような状況であるため，下位に位置づけられる博物館情報学も不完全であることは否めない。

　およそ半世紀前，東欧圏で博物館学が興隆したころ，博物館学を学問体系として整理することを試みた人物がいた。Z. Z. ストランスキー（Zbyněk. Z. Stransky）である。この節では，ストランスキーの言説を中心に博物館情報学を考えてみたい。

1章 博物館情報学の三大原則

ストランスキーは博物館学を次の4領域に分類した[14]。

（Ⅰ）メタ博物館学
（Ⅱ）歴史的博物館学
（Ⅲ）理論的博物館学
（Ⅳ）応用博物館学（博物館技術）

この分類の中で，本書のテーマとなっている博物館資料や資料情報と深くかかわっている領域は，（Ⅲ）理論的博物館学と（Ⅳ）応用博物館学（博物館技術）である。この二つの領域について述べる前に，先に（Ⅰ）と（Ⅱ）について略述しておくことにする。

（Ⅰ）メタ博物館学（博物館学研究序論）は，博物館学の概念を取り上げ，科学の一分野としての博物館学を確立するために理論的な前提条件を分析する領域である。科学体系の中で，どのような位置を占めるか，科学と社会の発展の中でどのように知識・情報が伝搬されていくのかという問題設定のもと，これは①科学としての博物館学，②博物館学的術語学・専門用語，③博物館学文献等に細分化されている[15]。

（Ⅱ）歴史的博物館学（博物館業務史序論）では，博物館学の学説史を含めて歴史的文献や博物館学的方法論について着目している。今日の博物館業務と博物館学について理解するためには，歴史的な観点から博物館現象について知る必要がある。歴史的博物館学は単なる博物館の歴史に関する知識を得るためではない。この下位領域は，①博物館業務の一般的展開，②博物館学の開拓者，③現代社会における博物館学である。

さて，私たちの博物館情報学と関連の深いのは，上記（Ⅲ）の理論的博物館学の領域であるが，これは次の3領域に分類される。

（Ⅲ）-1　博物館資料の選択理論……近代的ドキュメンテー

ション理論，認識過程，コレクションのもつ潜在的要素を選択する際の方法論，博物館資料としての特性をいかに決定するか，また資料に係る認識と評価基準を研究する領域である。各論的にいえば，①博物館の資料研究，②資料情報とドキュメンテーションである。

(Ⅲ)-2　博物館の概念語……概念語および専門用語の研究は博物館の情報をとりまとめていくための方法論であり，用語管理，博物館のシソーラス作成（概念の上下関係などの整理）などがこれにあたる。博物館資料の同定・鑑定も用語管理が重要である（1.3.3　名辞化システムを参照のこと）。

　各論としては，①用語管理によってコレクションを位置づける過程，②資料の情報的評価，情報管理などがこの領域である。

(Ⅲ)-3　博物館のコミュニケーション理論……情報伝達の方法論と原理，コレクションにおける統合化された価値，博物館の提示手段，その他の博物館コミュニケーションの方法論がこの領域での研究内容である。各論的には，①展示（制作方法），②博物館の表現言語，③博物館の価値，④博物館教育などである。

まさにこの（Ⅲ）理論的博物館学の領域は本シリーズの「博物館情報学」と重なり合う部分であろう。（Ⅰ）のメタ博物館学の中でも注目しておきたいのは，①の「科学としての博物館学」である。ストランスキーの「学としての体系化構想」の中でも初めに位置づけられるのが「科学としての」という立脚点であり，立ち位置である。

最後の（Ⅳ）応用博物館学は，私たち日本人にとっては「博物館技術（museography）」という呼称のほうが馴染みがある。しかし，

1章　博物館情報学の三大原則

ここでいう「応用」とは，日本で用いる資料の具体的な取り扱い方法や保存修復の技術的問題ではなく，「組織化」の問題をも含む。これは博物館機関の存在理由が分析され，現在と将来にわたる社会的機能を考察する領域である。すなわち，①機関としての博物館の存在理由，②博物館の組織マネジメント，③博物館における今日的技術，④博物館建築などからなる。

　ストランスキーは「博物館ネットワークが形成されていない理由は，博物館は個別に業務を行っているためであり，システムズアプローチのような関係性を制御する思考が無いためだ」と主張する[16]。この論文が執筆された1981年には，今日のような情報ネットワークも普及していなかったし，ベルタランフィの一般システム理論を博物館学に応用しようと提案する博物館学研究者もいなかったことを考えれば，ストランスキーの洞察力はさることながら先見の明があったといえるだろう。この論文「システム理論と博物館学」[17]が発表されてから14年後に，ストランスキーは『博物館学　研究序論』[18]という小さな本を出版している。この本の目的は序文に記されているように「博物館学の認識システム構造を指摘するため」に刊行したと述べている。この本の中で注目したいのはストランスキーの用いた二つの概念「システム」と「変化過程（mutation）」[19]である。

　では，ストランスキーのいう「システム」とはどういうものなのか，もう少し深く掘り下げてみよう。

　ストランスキーは博物館のシステムを「選択システム（S）」「名辞化システム（T）」「公開システム（P）」の三つのサブシステムに分けた[20]。図1-2におけるそれぞれの円形はサブシステムの認識

35

S：selection（資料の選択）
T：thesauration（資料の名辞化）[21]
P：presentation（資料の公開）

図1-2　ストランスキーの提唱する3つのサブシステム

範囲・評価範囲を示しているが、SとTの円の外側にはもう一本の破線が引かれており、これはサブシステムの発展過程（dynamism）を表している。実際の評価なり認識範囲なりは、振れ幅が若干あるという意味であろう。

　選択システム（S）は、博物館価値（museality）を同定し、資料を社会の文脈から博物館へ移動させ、原資料から価値・内容を抽出する過程である。

　これに対し、名辞化システム（T）は、コレクションの用語形成過程であり、その資料を特定（同定・鑑定）するための用語管理過程である。

　公開システム（P）は、展示またはその他の提示方法である。博物館価値と「意味」があると考えられる資料から得られる社会意識およびその反応、来館者の意見・感想も含んでいる。

　もう一つの重要な概念は「変化過程」である。博物館展示から発信・受信される情報を想像すればわかりやすい。ここに示される媒体（M）は必ずしも展示だけとは限らない。この変化過程は、視覚的な情報、映像・写真等の二次情報でも成立する。

1章 博物館情報学の三大原則

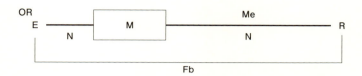

OR：observed reality　観察される現実
E　：Museum designer　博物館側の企画者・デザイナー・発信者
M　：medium　媒体（展示）
Me：mediator　メディエータ，解説者，展示説明者
R　：recipient　受け手，情報の受信者，来館者
N　：noise　ノイズ
Fb：feedback　フィードバック

図1-3　博物館の展示と情報の変化過程

では，なぜこのようなシステムアプローチ的な分析をしなければならないのか。ここでストランスキーが問題視しているのは，博物館展示（公開・提示）の効率性の分析である。展示が効率的に行われたかどうかを判断するには，Eから発信される情報量の総体XとR（受け手）によって得られた情報量の総体Yを比較してみればよい（Y／X）。

こうして博物館を一つのシステムとして捉え，情報に焦点化したストランスキーの理論は，次項に述べるように，さらに細かく記述されていくことになる。

1.3.2　資料の選択理論

システムという用語を超訳すると「関係し合う事柄が集まったもの」を指す[22]。関係し合うのであるから要素は単数ではなく複数存在することになるが，ニクラス・ルーマン（Niklas Luhmann）によれば，システムは複雑なものを単純に整理することによって周囲の

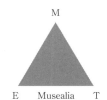

図 1-4 博物館価値とは

環境から区分される領域をいう[23]。博物館学理論の構築にとってシステム理論やシステムズアプローチ的方法論を用いることが唯一の進め方だ、としたストランスキーの「システム」にも基本的には博物館という複雑な事象を単純化して理論化を図るという意図が隠されている。

こうした一般論としての「システム」概念を適用しようとしたストランスキーの次なる問いは、博物館システムの中に入ってくる資料はなぜ選ばれ、どうして博物館に受け入れられるのかという根本的問題の設定であった。より具体的にいえば、資料の選択基準はあるか、ある場合、それはどのような基準であるのか、という問いである。ストランスキーはこの問いに答えるために図 1-4 を示す。一つ目は「証拠」（E：Evidence）である。ある現実を示す証拠が、その存在によってある種の現実を示すに値する物的証拠。これが底辺の一方に位置し、以下の3種がある。

・存在論的物体（自己同一的、固有的、主体的な物）
・図像学的物体（視覚的な物）
・情報を提供する物体（符号化して発信する物）

二つ目は「証言」（T：Testimony）である。証言には以下の3種がある。

・真正性（直接的）
・媒介性（仲介者によって）
・変換性（翻訳）[24]

三つ目は「ミュージアリティ（博物館性、博物館価値）」（M：Museality）である。潜在的なミュージアリティがあると認識され

るものは以下の通りである。
 ・観察される現実の代用品となる物
 ・原典・典拠，価値を顕在化する物
 ・全体の一部，比喩的な表現，動的な影響力のある典拠
 ・文化創造的重要性をもつ物

 ミュージアリティとは「博物館価値」のことであり，明らかに「真正性」[25]があるといえることであり，潜在的な価値をもつ物であり，将来関係するであろう資質のある物のことである。

 このような基準を満たす物であれば，その物は「ミュージアリティを運搬する可能性」がある。元の文脈から物が資料として切り離され，博物館の中に移動する（または移動させる）動機となる。こうして博物館の中に展示された物は文化的記憶を代表する物になり，保護の対象となるのである。

 博物館化（musealization）は，それが元存在していた場所や発見された場所から或る要素（モノ）を選択するプロセスであるから，発見場所の記録やそのプロセスを文書化しておかなければならない。こうした行為を通して，結局，過去が再現され，展示の中で再編成されるのである。この種の文書は付随文書と呼ばれているが，この付随文書がなければ選択された物（資料）はミュージアリティをもつには至らない。つまり，逆にいえば，物に関する記録情報は必要不可欠なのである。

1.3.3 名辞化システム

 資料の選択理論と切っても切り離せないのが資料の名辞化システムである。ストランスキーはこの名辞化システムを博物館化の第2過程と位置づけている。資料選択のあと，原資料から価値・内容を

抽出する過程(第1過程)においても価値表現するのは結局言語に頼らざるを得ず，名辞化する行為(Thesauration)[26]自体が資料の「認識」であり，価値評価というのである[27]。

物を名辞化することによって資料名称を付与することになる(例えば，学名，標準名，原名，方言・地方名，訳名など)が，こうした命名行為はきわめて奥の深い本質的問題であり，このことは多くの哲学者や社会学者からも指摘されている。ストランスキーも『博物館学 研究序論』の中で，「物が本来的機能から抽出化され，象徴化されたとすれば世界を再構築する主題によってシステムが構築される」とジャン・ボードリヤール(Jean Baudrillard)を引用している[28]。

未整理・未分類の資料に対して資料名称を与える行為(Thesauration)は資料選択と不可分の関係にある。単に「物」に資料名を付けるという行為だけですむ問題ではない[29]。

名称付与行為の集大成は「目録」または「カタログ」という形で顕在化されるが，ボードリヤールは「カタログそのもの，それが存在していることだけでも意味が深い。すべてを数え上げようというもくろみのなかに，一つの深い文化的作用がある。つまりわれわれはカタログを通してのみ，物に近づく」と指摘している[30]。『物の体系』を考察した興味深い彼の洞察であるといえるだろう。

1.3.4　知識変換システムとしての博物館

さて，ここまでストランスキーの提唱した理論をごく簡単に紹介したが，以下の項ではシステム論的な捉え方に基づいて，博物館を知識変換システムとして再考してみたい。

博物館を一種の知的情報伝達システムとして見れば，博物館情報学の考え方は非常にシンプルであり，図1-5のように表現できる。

1章　博物館情報学の三大原則

ここで，インプット（I）とアウトプット（O）の関係は，物理的な資料の移動（I/O）だけではなく，コレクション情報のI/Oでもある。

博物館資料・作品・標本を受け入れ，これらの情報に関してデータを入力・生成・加工し，アウトプットの形として，展示公開・解説し，また目録・カタログとして情報をまとめ，インターネットを通して博物館情報を発信していく。

図1-5　I／O機能としての博物館

今，ここでは二つのプロセスを取り上げる。一つは情報処理のプロセスであり，他の一つは具体的な資料としてのプロセスである。博物館における情報処理のプロセスは，下記のように単純化することができる。

①館の使命や特定の目的のもとに実物資料を収集する。この時，重要になるのが資料の基本的情報となるモノ自体の情報と文脈情報[31]である。

②収集後，資料は博物館の方針や一定のルールに従って記述され，資料登録が行われる（登録作業，目録作成）。

③蓄積する情報を分析して，あとから容易に探し出せるように検索手段を準備する（索引作業，キーワードの付与），ということができる。

おさらいの意味で再確認しておくと，先にみたストランスキーの

システム論になぞらえていえば、①は資料選択理論、②と③は名辞化システムということになる。先取り的に述べれば、図1-6の流れ図では「1.受入」が資料選択理論に相当する部分であり、「2.登録」「4.同定」が名辞化システムに相当する。

次に、具体的な資料の受入から格納に至るまでのプロセスを見てみよう。ここでは、自然科学博物館における哺乳類標本資料[32]の整理手順を取り上げる（図1-6）。

物理的移動については、次のように捉えることができる。

まず博物館に未製作の標本が運搬・移動されてくる。博物館は受入票を作成し、受入簿に記入する。そのあと登録されることになるが、その時点では種が同定されていない。標本を作製し体長・体重等を計測し、性を確認したのち、同定を行う。ラベルを作成し、情報を記載する[33]。ある標本は消毒して格納する。これが標本の物理的移動と情報の移動である。

ここで重要なことは、この資料の受け入れから格納に至るまでの間に、多くの情報（またはデータ）が採取され、記録され、そして同定作業の学術調査研究によって再び「登録」にデータが戻されるという、標本資料に関する物理的側面と情報的側面の不可分的関係性である。

資料の何を記述するのか、という基本的問いは取り扱う資料と博物館の性格によってまちまちであるが、ネットワーク情報資源として博物館資料を考えていく場合、図書館情報学で取り扱うダブリンコア（Dublin Core）のようなメタデータを検討していく時代となったともいえるのである。

1章　博物館情報学の三大原則

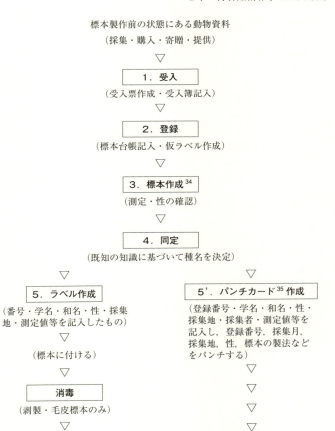

図1-6　標本資料（ほ乳類）の整理手順[36]
出典：吉行瑞子「博物館資料の保管・分類目録（動物）」『博物館学I 博物館職員講習講義資料』国立社会教育研修所，1978，p.59. の図を基に筆者作成

引用参考文献・注

1：『事典哲学の木』講談社，2002．合庭惇「情報」の項を参照のこと。
2：ISO/IEC 2382-1.
3：原文では次のような表現である。A reinterpretable representation of information in a formalized manner suitable for communication, interpretation, or processing.
4：鶴田総一郎は「博物館学入門」(日本博物館協会編『博物館学入門』理想社，1956)の前編「博物館学総論」の中で「博物館学の方法」と題し，教育学の特殊な方法として次のように述べている。「この方法の特殊性は，博物館資料という『もの』を媒介とし，それをおく場所（施設と土地）を利用して，人間に働きかける（教育普及）というところある。前提条件は『もの』である」。
5：梅棹忠夫『情報の文明学』中公叢書，1988.
6：文部省編「学芸員講習講義要綱」1953（伊藤寿朗監修『博物館基本文献集』第21巻，大空社，1991.に収録されている）。
7：田窪直規「博物館情報概説」加藤有次他編『博物館情報論』雄山閣，1999，p.4.
8：A Report from the American Association of Museums, Excellence and Equity, 1992（このレポートは日本博物館協会による訳がある）。
9：とはいえ，画像の高品質化や3次元化にはハードウェアの進歩も必要であることはいうまでもない。今日の画像品質も，将来のハードウェアの高解像度や3次元から見れば，粗いことになり，技術の進展は止むことがない。
10：ランガナタンの「図書館学の五法則」とは，すなわち，「本は利用するためのものである」「いずれの人にもすべて，その人の本を」「いずれの本にもすべて，その読者を」「読者の時間を節約せよ」「図書館は成長する有機体である」の5つである。詳しくは，竹内悊編『「図書館学の五法則」をめぐる188の視点：『図書館の歩む道』読書会から』日本図書館協会，2012.を参照のこと。
11：八重樫純樹「博物館活動の情報化」坂井知志編『博物館情報論』樹村房，1999，p.23.
12：琵琶湖博物館が，インターネットがまだ普及する以前のパソコン通信の時代から，琵琶湖周辺に住む多数の地域住民の協力を得て，琵琶湖に関する各所の情報を提供してもらっていた事例もある。

13：ユネスコの世界文化宣言全文はユネスコのウェブサイトを参照のこと。
　http://en.unesco.org/
14：大堀哲監修，水嶋英治編著『博物館学を学ぶ人のためのミュージアムスタディガイド：学習目標と学芸員試験問題』改訂増補，アム・プロモーション，2004，p.62 - 64. を参照のこと。
15：同上．以下④科学の進展，⑤科学と博物館，⑥文化・社会の進展の中での博物館，⑦博物館学的研究機関とその役割，⑧博物館学教育センターと細分化している。
16：Z.Z.Stránsky, The theory of system and museology, in MuWoP, *Interdiscupinarity in museology*, ICOFOM, 1982, p.71.
17：同上，p.70 - 73.
18：Z.Z.Stránsky, *Museology – introduction to studies*, Masaryk University, 1995, p.40 - 41.
19：同上，p.52 - 53.
20：同上，p.40 - 41.
21：Thesauration という用語はシソーラス作成という用語をあてることもできなくないが，ここでは直接的なシソーラス作成とは結びつかないため，文脈から判断し，名辞化という語をあてた。
22：小川仁志『超訳「哲学用語」事典』（PHP 文庫），2011，p.258 - 259.
23：ニクラス・ルーマン，土方昭監訳『法と社会システム』新泉社，1983，p.33 - 42．：同『社会システムと時間論』新泉社，1986，p.21 - 24.
24：Testimony には，証拠，証明と同じ意味もあるが，ここでは，法的証言，陳述書，供述書，正式な公式宣言（発表・公表）も含まれている，とみるのが自然であろう。「翻訳」とは，ある言語体系から別の言語体系への変換であるが，ここでは，資料に関する証言を別のことばに置き換えることのできる性質，という意味であろう。
25：真正性とは，本物であること，真正であることを意味する。主として，文化財・文化遺産がもっている本物の芸術的・歴史的価値を指す。しかし，文化財の修復や復元，あるいは複数作品が存在する版画や彫像などの場合，真贋の範囲はどこまで認めるかという問題は保存哲学の問題とも絡み未だ考え方が整理されている訳ではない。
26：『オックスフォード・ラテン語辞典』第 2 巻によれば（P.G.W.Glare ed. *Oxford Latin Dictionary* 2nd ed, Oxford University Press, 2012），シソーラスは多義的であり，上記の図書館情報学で用いられる以上の意味をもって

いる。金庫，宝庫，倉庫，貯蔵所，収集品などの意味をもつ。図書館学や情報検索の文脈でのシソーラス（thesaurus）とは，「同義・階層などの関連と従属を示すように用語を編纂したもの」であり，「その機能は情報の蓄積と検索用に標準化し統制した語彙を提供」することにある（Heartsill Young編，丸山昭二郎ほか監訳『ALA図書館情報学辞典』丸善，1988.）。

27：Z.Z.Stránsky, *Museology – introduction to studies*, Masaryk University, 1995, p.46.

28：「物から記号へ」思考の大転回をおこなったのがジャン・ボードリヤール（Jean Baudrillard）である。1968年に出版された著作『物の体系』の中で，ボードリヤールは「物を物として見る立場を拒否し，物をまず何よりも記号として把握し，しかもこの記号を体系を持つものとして」考えようとするのであった（ジャン・ボードリヤール，宇波彰訳『物の体系：記号の消費』法政大学出版局，1980，p.257.）。しかし，ストランスキーによる引用は『物の体系』であることは間違いないが，引用された箇所の出処は明らかにされていない（同，p.46.）。おそらく，本書が出版されたのが1968年であり，ストランスキーが博物館学の体系化を試みていたのが1970年代なので，ボードリヤールから示唆を受けていたことは想像に難くない。

29：名辞化において問題が少ないのは命名基準が定まっている場合である。例えば，国際動物命名規約は動物の学名を決める際の唯一の国際的な規範である。同様に，国際藻類・菌類・植物命名規約，国際細菌命名規約は植物の学名の基準になっている。こうした規約が存在すれば，歴史資料，文化的資料，民族・民俗的資料，自然科学資料についても名辞化は比較的容易であろうが，現在のところこれらの資料については，国際的規約は存在していない。今後の重点課題であろう。

30：ジャン・ボードリヤール，宇波彰訳『物の体系：記号の消費』法政大学出版局，1980，p.10.

31：ここでいう「文脈情報」とは，博物館が受け入れる前の状態の「資料」の置かれた場所，位置関係，社会的な意味，重要性，所有者との関係などを指す。

32：標本とは，基本的には自然の歴史を示す証拠である。自然界に存在する生物や岩石などを研究や教育に用いるため資料形態や特徴を保存する処理を施して保存したものを言う。

33：植物標本も基本的には同様であり，標本となる資料を採集したときは観察記録をメモや写真などで詳しく残し，ラベルにして標本と一緒に保管す

ることが重要である。最低限必要な記録情報は，採集日，採集場所，採集者であるが，このほかにラベルに記載しておくとよい記録情報は，天気・気温，採集時間，採集した場所の周辺環境などである。

34：標本資料は「1．乾燥標本」「2．プレパラート標本」「3．液浸標本」に大別される。1は，本剥製標本，仮剥製標本，毛皮標本，頭部剥製標本，全身骨格標本，角付頭骨標本など。2は，染色体標本，組織標本など。3は，アルコール，ホルマリン，グリセリンなどが用いられ，全身液浸標本，部分液浸標本（内蔵，生殖器，筋肉，血管，神経，脳など）に分けられる。

35：今日ではほとんどパンチカードは使用されなくなった。厚手の紙に穴を開け，その位置や有無から情報を記録するメディアである。

2章

博物館情報学と図書館情報学の比較
―― 情報資源，目録・カタログにも注目して

　本書は博物館情報学シリーズの第1巻にあたり，『ミュージアムの情報資源と目録・カタログ』というタイトルである。タイトルにならえば，本章は博物館ではなくミュージアムという用語を使用すべきである。だが，ここでは文字数が少なくてすむ博物館という用語を使用する。同様に，タイトルにある情報資源という用語についても，文字数が少なくてすむ資料という用語を使用する。

　本章は博物館情報学と図書館情報学を比較する章である。ただし，本書はそのタイトルからわかるように，資料と目録・カタログにも目を向けることになっているので，本章では博物館情報学と図書館情報学の比較のみならず，両者の対象となる資料および目録・カタログをも比較し，このことを通じて，博物館情報学の特徴とこれの対象となる資料及び目録・カタログの特徴について論じたい。以下では，学の比較，資料の比較，目録・カタログの比較の順で述べていくが，目録・カタログについては触れねばならない論点が多く，分量的には過半を占めることになる。

　本章を読むに際して，2点注意することがある。1点目は，「データ」という用語と「情報」という用語の使用法についてである。厳密には，この両用語は使い分けられるべきである。だが微妙なところもあるので，本章ではこの両者を区別せず，本シリーズ名が「博物館情報学シリーズ」ということもあり，文脈上致し方ない場合を

2章　博物館情報学と図書館情報学の比較

除いて「情報」という用語を用いることにする。2点目は，図書館情報学に関する箇所については，不正確かもしれないがわかりやすさを優先して，少々単純化して述べるということである。というのは，本書の読者は図書館情報学ではなく，博物館情報学（もしくは博物館学）に興味の中心があると考えられるので，図書館情報学に関する正確ではあるがこまごまとした記述は，退屈なものになると考えられるからである（ただし，それでも読者は詳細な記述が多すぎると感じるかもしれない）。

2.1　博物館情報学と図書館情報学

以下，まず図書館情報学はどのようなもので，どのように形成されてきたかについて述べる。次いで博物館情報学について述べるとともに，図書館情報学との関係でこれの特徴を浮き彫りにしたい。

2.1.1　図書館学の成立と図書館情報学への展開

本項では，図書館学の成立と図書館情報学への展開を史的に眺めることを通じて，図書館情報学とは何かということを明らかにしたい。

以下，まず図書館学の出現・成立とその内容について，博物館学にも言及しつつ述べ，次いでこれの図書館情報学への展開について述べる。

（1）図書館学の出現・成立とその内容
■**図書館学の出現・成立**　　根本彰は，図書館学に関する最初の著書は19世紀初頭にドイツで現れたとし，これによって図書館学が

49

始まったと考えている[1]。一方矢島國雄は，20世紀初頭には「Museologyあるいは Museumskunde という用語が使われ，博物館学が新たな学問領域として意識され始めていた」[2]と記している。これに従えば，博物館学の出現は図書館学の出現より1世紀遅れることになる[3]。

上述のように，図書館学の出現は19世紀初頭にさかのぼるが，学としての確立は遅れ，おおよそ1880年代に始まり，1920年代に完了すると考えられる[4]。一方，博物館学の学としての確立期は，1950年代以降と推測される[5]。

■**図書館学の内容**　図書館は出版物やその他の資料を蓄積・保存し，その流通・利用を促進する組織（施設・機関）と考えられるが，これを「支えるためのさまざまな技術と知識の総体」[6]が図書館学とされている。引用部分にある技術と知識のうち，技術は図書館の具体的な諸業務に関するもの，すなわち資料の収集，組織化[7]，利用者サービスなどに関するものが中心になろうが，知識はこれに関するものにとどまらず，基礎論的，理念的，歴史的，社会・制度的な諸側面などをも対象としよう。ここで記したことは，おおよそ博物館学にもパラフレーズできるのではないだろうか（もっとも博物館学の場合，資料の調査・研究も求められるし，博物館で提供されるさまざまなサービスは，図書館のように利用者サービスとしてひとくくりで捉えられえるのではなく，大きく展示と教育・普及活動というように分けられるであろうが）。

（2）　ドキュメンテーションから情報学へ，そして図書館情報学へ

19世紀末から20世紀にかけて，旧来の図書館という枠にとらわれない情報の流通（を促進する）活動が起こる。このような活動は

「ドキュメンテーション（documentation）」と呼ばれている。なお，前々文で「情報の流通」と記したが，情報は資料の形で流通してきたので，ドキュメンテーションは，実質上は「資料の流通」といったほうがよいのかもしれない。

図書館は自館の所蔵資料を対象としているのに対して，ドキュメンテーションは，どの図書館の所蔵資料ということには基本的に興味がなく，資料というもの自体の流通・利用に興味がある。図書館では，モノ単位（おおよそ冊レベル）の組織化が中心となるのに対して，ドキュメンテーションでは，雑誌のように資料の中にさまざまな資料（記事，学術雑誌の場合は論文など）が含まれている場合は，個々の雑誌というモノ単位ではなく，その中に含まれている資料単位で利用できるように，細かく組織化が行われる。組織化の際に資料の情報が記録されるのだが，ドキュメンテーションはこのように細かいレベルで資料の情報を記録する活動とみなされることもある。

ドキュメンテーションは最新の情報技術を取り入れてきた。例えば1920年代30年代の米国では，マイクロフィルム技術の活用を中心としたドキュメンテーションが展開された（例えば雑誌をマイクロフィルム化（縮小・軽量化）して，これの作成[8]・配布コストを下げ，流通の便を図り，一方利用者は，利用したい記事単位で，これを拡大プリントして利用する）。また，欧米ではすでに1950年代から，ドキュメンテーションへのコンピュータの応用が始まっていた。

その一方で，この分野の研究者の中には，従来のドキュメンテーションの枠組みにおさまらない研究を行うものが出てくる。例示すれば，科学コミュニケーションの研究を行うものや，計量的な資料や情報の研究を行うものである。

このような中，1950年代後半から1960年代にかけて，ドキュメンテーションの世界の人々は，自身の分野を「情報学（information science）」[9]とみなすようになっていく。その結果1968年に，「米国ドキュメンテーション協会（American Documentation Institute：ADI）」は「米国情報学会（American Society for Information Science：ASIS）」に名称変更するに至った。

　ただし，ドキュメンテーションという用語は用いられなくなったのではなく，現在でもこの用語は使用されている。例えば，日本には「アート・ドキュメンテーション学会」がある。また博物館の世界でも，ここで述べたこととは若干ニュアンスが異なるものの，上述した資料の情報を記録する活動という点では同じ意味で，ドキュメンテーションという用語が使用される。なお，これについては後で触れる。

　上記のように，1968年にADIはASISに名称変更したが，これに歩調を合わせるかのように，60年代後半以降，従来「図書館学」を名乗っていた大学（院）の専攻課程が「図書館情報学（library and information science）」を名乗るようになっていき，図書館学は，これと情報学が複合した分野である図書館情報学に脱皮していく。

　図書館学は図書館に興味の中心があるが，これは資料や情報の流通・利用をはかる組織である。一方情報学は，これの母体となったドキュメンテーションからもわかるように，特段図書館に興味の中心があるとはいえないが，資料や情報の流通・利用をはかる分野といえよう。このように考えると両者は類似しており，両者が複合して図書館情報学が生まれるのは，自然の成り行きと考えられる。

2.1.2 博物館情報学

(1) 博物館情報学における情報学とは

　博物館情報学の「情報学」は，図書館情報学で「情報学」を意味する"information science"ではなく，"informatics"である。information scienceは資料や情報の流通・利用に関連する分野といえようが，informaticsはコンピュータ科学およびその応用領域と受け取られている[10]。information scienceでは，資料や情報の流通・利用のためにコンピュータ技術が積極的に取り入れられてきた。これに対してinformaticsの場合，コンピュータとその応用自体が研究対象になっているといえよう。

　上段で両情報学を対比的に記したが，コンピュータ技術の積極利用とコンピュータとその応用の研究は近いともいえる。そのためか，informaticsはinformation scienceに近い意味とされることもある[11]。また博物館情報学では，この両者の差異を特に意識しない場合もある[12]。この点なかなかやっかいである。

(2) 博物館情報学の出現とその内容

　博物館情報学という用語の出現時期はよくわからないが，少なくとも1987年には"Archives and Museum Informatics"という雑誌刊行されている[13]。ただしこの用語が定着してくるのは，博物館へのコンピュータ技術の応用が盛んになる1990年代初期と考えられ，この時期，米国のあまたの大学で博物館情報学に関するプロジェクトが展開された[14]。したがって学問分野としても，このころから確立されてくるものと思われる。

　図書館情報学は，図書館学と情報学（information science）が複

合した分野であった。一方博物館情報学は，博物館学と情報学（informatics）が複合した分野とはいえない。これは博物館学の一分野もしくは一側面と考えられる。具体的には，博物館学の各分野，もしくは博物館の各活動への，情報や情報（通信）技術の応用に関する分野といえる。「学」の一部を形成するものを「論」とすれば，これは博物館学の一部なので，「博物館情報論」というべきかもしれない。

しかしマーティー（Marty）らは，博物館情報学をこのように捉えずに，「情報社会における博物館の役割に対する包括的なまなざし（comprehensive look）を提供する」[15] ものとし，広い視野から捉えている。この見解を押し広めて解釈すれば，博物館学を情報という観点から再構築するのが博物館情報学と考えることもできよう。

博物館情報学については，前段のような大上段的な考察も重要であろうが，その一方で前々段のように，博物館（学）の各分野もしくは各活動における情報や情報技術の応用と捉えることも重要である。本シリーズでは，どちらかというと前者の大上段的なアプローチではなく，後者のアプローチにより，博物館情報学の諸相を具体的に示すように構成されている。

なお，マーティーは博物館情報学をきわめて学際的とし，次の関連分野を例示している[16]。すなわち，デジタル図書館，ヒューマン・コンピュータ・インタラクション，社会ネットワーク分析，認知科学，博物館研究（museum studies），図書館情報学である。博物館情報学と図書館情報学を比較して捉えるという本節の位置づけからは，最後とはいえ，関連分野として図書館情報学が挙げられているのは興味深い（また，図書館情報学の一研究分野であるデジタル図書館が，図書館情報学と分離されて最初に挙げられているのも興味深い）。

2.2 博物館資料と図書館資料[17]

　資料は何らかのメッセージを伝えるものと考えられる。メッセージは記号列から構成されるが（例えば，本書のメッセージは日本語の文字列という記号列から構成されている），記号は単なる形もしくはパターンでしかなく，実体的なもの（実際に存在するもの）ではない。これを実体化させる（実際に存在させる）ためには，記号を固定する実体が必要になる。これはキャリヤーと呼ばれている。そうすると，資料は記号列からなるメッセージとこれを実体化させるキャリヤーからなると考えられる。話が抽象的になったが，実は簡単なことを述べたにすぎない。具体例を挙げれば，新聞という資料は新聞記事というメッセージと新聞紙というキャリヤーからなるということを述べたにすぎない。

　ここで述べた資料の構造は，基本的には資料一般について当てはまるものである。したがってこの構造は，博物館資料にも図書館資料にも当てはまるものと考えられる。以下では，主にこのような資料の構造と複製性という観点から，まず図書館資料の特徴について述べ，次いでこれと比較する形で，博物館資料の特徴を明確にしたい。

2.2.1　図書館資料の特徴

　図書館資料の特徴は，メッセージとキャリヤーの結びつきがルーズであり，複製メディアという特徴ともあいまって，メッセージがさまざまなキャリヤーを渡り歩く点にある。換言すれば，図書館資料のメッセージは可動的ということである。例えば，ある一つの

メッセージ(作品)が1冊の図書として出版されたり，上下2冊という形で出版されたり，大部な図書の一部として，他のメッセージと同居した状態で出版されたりする。

読者は一般に，メッセージとキャリヤーのうち前者に興味の中心があり，後者にはあまり興味がない。だから雑誌論文などの場合，平気でコピーされる。メッセージさえ同じなら，キャリヤーが冊子体であろうとシート(製本されていない紙の形)であろうと，どちらでもよいのである。この点からは，図書館資料はメッセージ中心の資料といえる。

しかし，キャリヤーも使い勝手(インタフェース)という意味では一定の役割を果たしており，無視しえない。例えば，満員電車で本を読む人の場合，同じメッセージ内容の本でも，大きなサイズのものより小さなサイズのものを選ぼう。したがって前段の冊子体とシートの例は，正確には，シートのほうが使い勝手がよいからコピーされると考えるべきである。またメッセージそのものには実体性がないので，資料はモノすなわちキャリヤーとして管理せざるを得ない。この意味でもこれは無視しえない。

図書館資料のメッセージは，通常多くの人が読むことができる。例えば，メッセージが日本語(の記号列)で記されておれば，日本語を使えるものなら誰でも読める。ただし読むことができても，内容が難解で理解できない場合もある(それでも読むことはできる)。

メッセージ(を構成する記号列)が何を意味するかの約束事をコードと呼ぶ。図書館資料でよく使用される言語記号によるメッセージは，コード性が比較的強く(つまり約束事が明確で)，意味も比較的はっきりしている[18]。

図書館資料のメッセージ内容は要約可能である。図書館情報学で

は，メッセージ内容を数行に要約したものを抄録などと呼び，一言（一文）に要約したものを主題などと呼んでいる。図書館資料はメッセージが中心であることからわかるように，これの場合，メッセージのエッセンスといえる主題が重視されている。主題を英語でサブジェクト（subject）というが，図書館資料はサブジェクト性が強い資料といえる。

図書館資料は複製メディアであった。これの代表と考えられる図書の場合，出版社は，通常は数百冊，数千冊単位で出版する（複製する）。大ベストセラーの場合は，増刷を重ねて数百万冊単位で出版される（複製される）こともある。それゆえ，通常同一の資料が複数館で所蔵される。

この複製メディアという特徴は，一般に，図書館資料に非希少性もしくは安価性・非貴重性をもたらす。すなわち一度に多くのものが作成されるので，一般にその一つひとつは希少性が低く，高価・貴重ではない。

2.2.2 博物館資料の特徴

博物館資料の特徴は，図書館資料と対照的に，メッセージとキャリヤーの結びつきが強固で，メッセージの可動性がほとんどない点にある。メッセージはキャリヤーの中に閉じ込められており，自由にキャリヤーを渡り歩くことができない。博物館資料の場合，キャリヤー即メッセージの様相を示し，キャリヤーが変わること自体メッセージが変わることを意味する。例えば，同じ阿弥陀如来を表現している彫刻作品でも，作品によって形態が異なり，そのキャリヤー的な形態の差異が即メッセージ的な表現の差異となる。

前段で述べたように，博物館資料の場合，キャリヤー即メッセー

ジの様相を示すのであるから,図書館資料とは逆にキャリヤーが主役になる。私たちはキャリヤーに現れる表現(もしくは形状・特徴)を通じて,資料のメッセージを"読む"のである。

前文で「資料のメッセージを"読む"」と記したが,博物館資料のメッセージは,通常その分野の素人には"読む"ことができない(例えば,土器片の発するメッセージは,考古学の素人には"読む"ことはできまい)。しかしながら研究レベルにあるものであれば,当該資料の分野の研究で解読されてきたコードを身につけているので,その資料のメッセージを"読む"ことができる(考古学者なら,土器片の発するメッセージを"読む"ことができる)。この点,図書館資料とは大きく異なる。例えば前項で述べたように,日本語で記された図書館資料であれば,日本人なら日本語によるメッセージのコードを身につけているので,基本的には誰もが読める。

博物館資料のコードは安定しておらず,研究の進展によってコードは書き換えられる。これに対して,図書館資料の代表的なコードである言語コード(言語記号によるメッセージのコード)は時代とともに変遷するものの,比較的安定している。また,既述のように言語コードはコード性が比較的強いが,博物館資料のコード性はそれほど強くなく,人によってメッセージの"読み"が異なりうる。

図書館資料はメッセージ中心であり,これを一言で要約したものである主題(subject)が重視されるので,サブジェクト性が強いと述べた。これに対して,博物館資料はキャリヤー中心であり,私たちはキャリヤーのさまざまな属性などを通じて,資料のことを理解できるのである。キャリヤーはおおむね物的であり,物的なものを英語でオブジェクト(object)という。そうすると,図書館資料をサブジェクト性が強い資料とすれば,博物館資料はオブジェクト性

が強い資料といえよう。

　図書館資料は基本的に複製メディアであったが，博物館資料は基本的に唯一メディアといえる。唯一メディアは一般に希少性が高く，高価・貴重である。

　博物館資料の場合，資料に関連する情報が重要になる。例えば同様の茶碗でも，それがどのようなところで使用され，所蔵されてきたかということがわかっていれば（いわゆる伝来・来歴がわかっていれば），それが不明のものよりも高評価される（例えば同様な茶碗でも，千利休が使用し，大名家が所蔵してきたものと，伝来・来歴が不明のものとでは，評価がまったく異なる）。この点は図書館資料と異なる。図書館資料の場合，基本的に伝来・来歴が資料価値に影響することはない[19]。

2.3　博物館の目録・カタログと図書館の目録・カタログ

　ここでは，博物館の目録・カタログの特徴を図書館のそれと比較しながら明確にする。その際例外を除いて，これまでと同様に，図書館の場合，博物館の場合の順で記し，前者のところで記した内容を利用して後者のところで両者を比較するというスタイルをとる。

2.3.1　用語整理 —— 本節でいう目録

　この節題では目録とカタログという一般には同義語とみなされている語を併記している。これは本書のタイトルが『ミュージアムの情報資源と目録・カタログ』なので致し方ないのだが，本章ではこの両者を次段のように捉えて区別することにした。

　図書館の場合，目録は基本的に所蔵資料に関する情報を記したも

のとされる[20]。しかし博物館の場合，所蔵資料に関するもの以外にも，展覧会出陳品，ある作家の作品などに関するものも目録とされる。ここでは便宜的に，このような目録をカタログとし，図書館と同様，基本的に所蔵資料に関するものを目録とする。なお図書館の場合，所蔵資料に関しないもの，例えばある作家の著作に関する情報を記したものやある分野の資料に関する情報を記したものは「書誌」と呼ばれている。だから本章でカタログとしたものは，図書館でいうところの書誌におおよそ相当するものといえよう。

以下では，本章でいう目録に絞って述べることにする。理由は二つある。一つは，本章は博物館（情報学）と図書館（情報学）を比較する章であるが，これに絞らないと博物館の目録を図書館のそれと比較できないからである。もう一つは，博物館は通常コレクション（所蔵資料）を基盤として運営され，したがってこれの情報を扱う目録は，博物館情報学の基盤の位置を占めると考えられるからである。

2.3.2 閲覧目録か事務目録か —— 目録の性格の差

図書館目録は二つに分かれる。一つは閲覧目録などと呼ばれるものであり，利用者が自身の求める資料を所蔵資料の中から検索するためのものである。もう一つは事務目録などと呼ばれるものであり，司書が事務作業を行うためのものである。例えば，書架上の資料が所定の位置にあるか，紛失していないかなどをチェックするための目録（書架目録と呼ばれる）がこれにあたる。両目録のうち，図書館では閲覧目録が重視され，単に目録という場合，通常はこれを指す。以下，図書館の文脈で目録という用語を使用する場合は，原則として閲覧目録を意味して使用する。

博物館の世界でも，図書館の世界でいう閲覧目録が作成される。具体的には，所蔵資料の冊子体目録が作成・販売されたり，博物館のウェブサイト経由で所蔵品を検索できる目録が構築されたりする。しかしながら博物館目録は，第一義的には学芸員が業務遂行の際に所蔵資料情報を確認するためのものとされる。以下，博物館の文脈で目録という用語を使用する場合は，原則としてこのような目録を指して使用する。

2.3.3 目録整備率と博物館情報学の問題点

日本の博物館の目録は，整備が進んでいない。2008年度の日本博物館協会の調査によると，すべての所蔵資料を記載した目録を有する館は約22%にすぎず，一部の所蔵資料を記載した目録を有する館ですら，約40%にすぎない[21]。これに対して図書館の場合，目録が整備されていないというのは，通常考えづらい。

2.3.1の末で目録は博物館情報学の基盤と述べたが，基盤が整備されずに情報技術だけが踊っているのというのが，日本の博物館情報学の現状といえよう。

2.3.4 業務の中における目録の位置づけ

図書館の業務のうち，ルーチン的で継続的なものをハウスキーピング業務という。これには目録業務が含まれ，これ以外にも選書，発注，受入，分類，装備，貸出などの業務が含まれる。これらは一連の関連しあった業務であり，おおよそ時系列的に並べれば，資料を選び（「選書」し），書店などに「発注」し，図書館の資産として「受入」れ（博物館的な表現をすれば「登録」し），「目録」を取り，「分類」し，図書館の資料として使えるよう，背ラベルを貼るなどの「装備」

を施し,「貸出」が行われるといった具合である。

したがって,目録業務もこれらの業務関連の中で捉えられる。しかしその一方で,図書館では目録業務が分類業務とともに特に注目され,その他のハウスキーピング業務とは別格的に扱われてきた。このことを反映して,図書館情報学でもこの両業務は目録法や分類法という重要な研究分野を形成してきた。

一方博物館の世界では,ルーチン的で継続的な業務に必要とされる情報を記録する活動を「博物館ドキュメンテーション(もしくはコレクション・ドキュメンテーション)」と呼んでいる[22]。おおよそ業務の流れに従ってこれに属する諸活動を例示的に記すと,次のようになる。資料が何らかの理由(寄託,購入(やその検討),鑑定依頼など)で博物館に入ってきた時点で,その資料の概略情報を記録する「エントリー・ドキュメンテーション」。資料が博物館の所蔵資料になった時に,その資料を博物館の資産として登録するための「登録業務」。学芸員の業務に役立てるために所蔵資料の情報を記録する「目録業務」。資料が何らかの理由(貸出,所有権移転など)で博物館から出るときに,資料管理上必要となる情報を記録する「イグジット・ドキュメンテーション」。

博物館の場合,目録業務は博物館ドキュメンテーションの一分野にすぎず,特に重視されるというものではない。2.3.1の末で,博物館はコレクション(所蔵資料)を基盤として運営され,これの情報を扱う目録は博物館情報学の基盤の位置を占める旨を記した。しかし正確には,目録のみが所蔵資料情報を扱うのではなく,このほかの博物館ドキュメンテーション(の諸業務)も所蔵資料情報を扱う。したがって目録というよりは,博物館ドキュメンテーションが博物館情報学の基盤になると考えるべきであろう。なお日本の場

合，目録が整備されていないことを記したが，ほかのドキュメンテーション（の諸業務）も推して知るべしである。

　図書館の世界では，ハウスキーピング業務のうち目録業務が重視され，このための一種の標準である「目録規則」が作成される。これに対して博物館の世界では，目録業務をも含む博物館ドキュメンテーション全般が重要であり，これを対象とする「ドキュメンテーション標準」と呼ばれるものや「データ標準」と呼ばれるものが作成される。ドキュメンテーション標準は博物館業務（の情報）の流れに重点があり，データ標準は各業務のドキュメンテーションを行う際に必要とされる情報項目やこれへの情報の記録の仕方に重点がある。博物館の立場からは，少々強引かもしれないが，データ標準のうち目録業務に特化したものが，図書館でいう目録規則にほぼ相当するといえよう。

　前項で博物館の目録整備率が低く，これが重視されていない現状に言及したが，これには理由がある。以下まず，図書館目録の整備率が高く，これが重視されていることについて触れ，次いで，博物館目録の整備率の低さやこれがあまり重視されていない理由について述べる。

　図書館目録は，第一義的には利用者が資料を検索するためのものである。したがって目録が整備されていないと，利用者は自身の欲する資料を検索できず，これを利用できなくなる。つまり，図書館が図書館として機能しなくなる。それゆえ目録が重視される。

　一方博物館目録は，第一義的には学芸員が業務を遂行するためのものである。そうであれば，図書館の場合と同様に，目録が整備されていなければ業務を遂行できなくなるので，博物館は博物館として機能しなくなると考えるべきである。だが学芸員の場合，自身の

担当分野の所蔵資料情報は頭に入っているので，目録が整備されていなくても業務ができうる（と考える向きも少なくない）。このこともあり，これはそれほど重視されてこなかった（他のドキュメンテーション（の諸業務）についても同様）。

しかしながら，業務は記憶ではなく記録（情報）によって確実に行われないと，ミスをしたり思わぬ落とし穴に陥ることがある。また国立・公立博物館の場合，館蔵資料は国民・市民の財産（いわば'公財'）である。'公財'の情報は学芸員の頭の中だけにあるのは問題であり，情報は着実に記録されねばならない。

2.3.5 目録の史的展開

本項では，博物館と図書館の目録について，標準化関連の動きとコンピュータを使用した目録作業[23]の動きに分けて，史的観点をも交えて述べる。

（1）標準化関連の動き

ここでは，博物館と図書館の世界における標準化関連の動きを追う。ただし博物館の場合，前項で述べたことからわかるように，目録というより，基本的にこれをも含む博物館ドキュメンテーションという視野で論じることになる。

■**図書館の世界の動き**　図書館目録は紀元前にさかのぼるが，近代的な目録の基礎を築いたのは，大英博物館のアントニオ・パニッツィ（Antonio Panizzi）とされている。彼は1841年刊行の『大英博物館刊本目録』に彼の考案した目録規則を掲載し，これが後世に多大な影響を与えたといわれている。博物館の図書目録が図書館における近代的な目録の基礎となったというのは，この章のタイトル

2章　博物館情報学と図書館情報学の比較

との関係で興味深い。なおパニッツィは，このころは大英博物館の図書館の司書であったが，後に大英博物館長にまで登りつめる。

上述のように，近代的な目録の基礎は19世紀中葉に築かれたとされているが，国際的な目録の標準化作業は20世紀中葉以降にずれ込む。この作業は「国際図書館連盟（International Federation of Library Associations and Institutions：IFLA[24]）」によって行われている。

目録の要素は，大きくは「書誌記述」と「アクセス・ポイント」と「所在情報」に分かれる。第一者は資料の概要情報を記述したものであり，第二者は資料（の概要情報）を探し出すための情報であり，第三者は資料の排架位置を示すものである。目録利用者の行動に沿ってこの三者の役割関係を記せば，アクセス・ポイントで資料（の概要情報＝書誌記述）を探索し，探索した結果表示される書誌記述を確認して，その中から求める資料を選択し，所在情報を利用して求める資料を書架から取り出すという関係である。

上記三者のうち第一者と第二者は，併せて書誌情報と呼ばれて特に重視されてきたので，以下ではこれらに注目する。なお第一者は単に「記述」と略されることも多いので，これ以降は原則としてこのように略記する。

1961年に，まずアクセス・ポイントの国際標準が定められた。これはパリで制定されたので，「パリ原則」と呼ばれている。

記述の標準は1970年代から制定され出す。この標準は「国際標準書誌記述（International Standard Bibliographic Description：ISBD）」と呼ばれており，図書館で扱われるすべての資料種別に当てはまる一般原則を定めたISBDのほか，図書館で扱う資料種別ごとのISBDが定められた（図書用，雑誌用のほかにも，楽譜用，古書用，

地図用,電子資料用などがある)[25]。

1990年代には,リレーショナル・データベースでよく使用される実体関連モデルによって,目録の世界を捉え直す作業が行われた。これの成果は1997年に,「書誌レコードの機能要件(Functional Requirements for Bibliographic Record：FRBR)」として結実する。以降,これに基づいて目録が議論されるようになっていく。

■**博物館の世界の動き**　すでに60年代には,英国で注目すべき動きがあったので,まずは英国から見る。その後,90年代に起こった「国際博物館会議(International Council of Museums：ICOM)」の動きを見る。

1960年代,英国の博物館は現在の日本の博物館と同様,目録などの整備が遅れていた。この状況を改善するため,1967年に「博物館協会情報検索グループ(Information Retrieval Group of the Museum Association：IRGMA)」が結成された。その後これの仕事を引き継いで,1977年に「博物館ドキュメンテーション協会(Museum Documentation Association：MDA)」が結成された。

既述のように博物館では,なされるべき諸業務とその流れとの関係で必要な情報が記録されねばならず,そのような情報を記録する活動は博物館ドキュメンテーションと呼ばれている。MDAは諸業務で必要とされる情報を記録するための書式を作成し,その一方で博物館ドキュメンテーション・システム(博物館情報管理システム)を開発した。

またMDAは,"SPECTRUM"というドキュメンテーション標準をも作成している。これは英国の標準であるが,英国以外の国でも採用されている。その意味では,これは一種の国際標準といえる。

なおMDAは,2008年より"Collections Trust"となり,新たな

スタートを切っている。

つぎにICOMの動きを見る。これには「国際ドキュメンテーション委員会（International Committee for Documentation：CIDOC[26]）」が設置されており，具体的にはこの動きを見ることになる。

CIDOCでは，1970年代末から国際的なデータ標準に関する議論がなされていたのだが，国際標準の作成に向けた動きが顕在化するのは，1990年代半ばに入ってからである。なお，ここで「標準（standard）」と記したが，実際にはCIDOCは，これよりも緩やかなニュアンスをもつ「指針（guideline）」という用語を使用している。

1994年にCIDOCは，「博物館資料のための最小情報カテゴリー（Minimum Information Categories for Museum Objects：MICMO）」という国際指針のための草案を提案した。これは最小限必要とされる情報項目を定めたものである。

この草案は審議され，1995年に「博物館資料情報のための国際指針：CIDOC情報カテゴリー（International Guidelines for Museum Object Information：The CIDOC Information Categories）」（以下，IGMOIと略記する）が刊行された。前段で触れたMICMOと違い，これには「最小」という語が含まれていない。このことからもわかるように，これは最低限必要とされる情報項目を定めたものではなく，一般に必要と考えられる情報項目を定めたものといえる。図書館の世界の国際標準書誌記述（ISBD）の一般原則が1977年に刊行されているので，これより18年遅れて国際標準（正確には国際指針）が刊行されたことになる。

この「遅れ」については次のように考えることができよう。図書館資料は基本的に複製メディアなので，多くの図書館で同一の資料

を所蔵している。したがって同じ資料の目録情報が異ならないよう，またこれを流用[27]しやすいよう，国際的な標準化の動きが早く起こった。これに対して，博物館資料は基本的に唯一メディアであり，目録情報の流用の必要性が希薄であった。また図書館と比べて資料に均質性がないので，標準化が難しかった。

CIDOCはその後，「概念参照モデル（Conceptual Reference Model：CRM）」の構築に乗り出し，1998年にこれの出版初版（first published version）を出している。これは2006年にISO標準（国際標準化機構に認定された国際標準）になっている。

図書館の世界では，国際的にほぼ均質な目録情報が作成されるのに対して，博物館の世界では，一応IGMOIが定められているものの，均質な情報項目を設定するのは難く，通常は博物館ごとに情報項目が異なる。そのため，博物館資料に関する情報を横断検索するのが困難になる。そこで，この問題を解決するためにCRMが開発された。

CRMは博物館資料に必要とされる情報項目のリストのようなものである。各博物館が自館の目録などの情報項目をCRMの情報項目に対応づけることで，CRMに基づく情報項目を有するウェブサイト経由で，各博物館の目録情報などが横断検索可能になる。

ただし上記のことが可能となるためには，CRMは一応すべての博物館の情報項目と対応がつかねばならない。このことを実現するために，CRMは博物館資料に必要とされる情報項目を詳細に分析し，階層構造をもった情報項目体系を構築している。対応づけのために情報項目の詳細分析が必要というのは自明であろうが，階層構造も必要というのはよくわからないかもしれない。これは，博物館によって細かく情報項目を設定していたり，おおまかに情報項目を

設定していても，対応がつくようにするためである（階層構造を設定すると，前者の博物館は下位の情報項目に対応づけることができ，後者の博物館は上位の情報項目に対応づけることができる）。

　情報項目を対応づけるための情報項目表をマッピング・テーブルというが[28]，CRM は一種のマッピング・テーブルといえる。また，コンピュータが「知識」として扱えるように概念間の関係性を構造化して明確に定義したものをオントロジと呼ぶが，CRM は情報項目（の概念）間の関係性を構造化して明確に定義しているので，オントロジとされている。つまり，CRM はオントロジといえるくらいに明確に定義された構造化マッピング・テーブルと理解することができる。

　図書館の場合，資料情報は基本的に均質なので，CRM のような仕組みは必要がない。だから，CRM のような仕組みが必要とされるのは博物館の特徴といえる。ただし，博物館の世界でこれはあまり普及していない。

　CRM はコンピュータの世界でいうオブジェクト指向モデルというものに基づいている。これに対して，図書館のところで述べたFRBR は実体関連モデルに基づいていた。オブジェクト指向モデルのほうが実体関連モデルより新しいモデルであるが，実は2003 年に CRM と FRBR の調和プロジェクトが始まり，そこでは FRBR がオブジェクト指向モデルによって再定義されている。

（2）目録作業のコンピュータ化の動き

■図書館の世界の動き　目録作業をコンピュータで行う方法には，「集中目録作業（centralized cataloging）」と「分担目録作業（shared cataloging）」（もしくは「共同目録作業（cooperative cataloging）」）

がある[29]。博物館の目録作業と比較の土俵に乗るのは後者なので，ここでは分担目録作業について述べる。

1967年にOCLC（元はOhio College Library Centerの略，現在はOnline Computer Library Centerの略）によって，分担目録作業と呼ばれる方式の目録作業が考案された。これは，書誌ユーティリティと呼ばれる組織のデータベースに各図書館のコンピュータを接続し，接続館で分担して目録作業を行うことで，効率的に目録作業を行おうというものである。

より具体的に述べれば，概略次のとおりである。接続館は資料を受け入れたら，書誌ユーティリティのデータベースを検索する。その結果当該資料の情報が登録されておれば，その情報を流用し（ダウンロードし），その図書館がその資料を所有している旨の情報をこのデータベースに付与（アップロード）する。登録されていない場合は，自身で目録情報を作成し，その図書館が所蔵している旨の情報とともに，このデータベースにアップロードする。

この仕組みによると，日々目録情報の量が増え，増えれば増えるほど検索時のヒット率（受入れ資料のデータベース登録率）が増すことになる。日本の国立情報学研究所（National Institute of Informatics：NII）が運営する書誌ユーティリティのデータベースの場合，接続館は大学・短大図書館を中心に1,000館を超えており[30]，このデータベースの平均ヒット率は90％を超えている。少々不正確な表現だが，これは各接続館の目録作業が90％以上効率化（もしくは負担軽減）されることを意味している。

図書館の世界では，複数館の所蔵情報がわかる目録を総合目録と呼んでいる。NIIのデータベースには所蔵情報も付加されるので，このデータベースは，1,000館を超える図書館の所蔵がわかる巨大

な総合目録としても機能している。なおこの総合目録は，ウェブ上で公開されている[31]。

■**博物館の世界の動き**　博物館の世界でも上記と似た仕組みが構築されている。代表例が「カナダ文化遺産情報ネットワーク(Canadian Heritage Information Network：CHIN)」である。これの構築に向けた動きは1972年に起こっている。

　CHINはカナダの博物館の所蔵資料データベースである。このデータベースは，これへの参加館が分担して構築するものであり，かつ複数館の所蔵がわかるもの（図書館の世界でいう総合目録）なので，これは上述の書誌ユーティリティによるデータベースと類似している[32]。

　図書館の世界の書誌ユーティリティによるデータベースには，大きく二つの利点がある。一つは上述した目録情報の流用という利点である。図書館資料は基本的に複製メディアなので，多くの図書館が同じ資料を所蔵している。それゆえ，このデータベースの目録情報を流用することで，各図書館の目録作業が非常に効率化されるのである。もう一つは，自館にない資料を他館から借りる際に，このデータベースを検索すれば，その資料を有する館をすぐに見つけることができるという利点である。これは総合目録的な利点といえる。

　博物館の場合，その資料は基本的に唯一メディアなので，図書館のように流用という利点は小さい。せいぜい目録などの情報を作成するときに，似た資料の情報を参考にするくらいであろう。だが総合目録的な利点は大きい。というのは，学芸員が展覧会を検討するときや研究者が文化遺産の研究を行うときに，このようなデータベースを利用できれば，左記の検討や研究が非常に効率化されうる

からである。それもデータベースの構築の仕方しだいで、本来一組の資料が何らかの事情で複数の博物館で分有されていたとしても、一組にまとまった形で情報を見ることもできるのである。

なお博物館の所蔵資料情報は、国の文化・学術行政の基礎情報となるものであり、その意味でも総合目録は重要といえる。

1970年代前半にカナダでこのような動きが起こったのは、驚くべきことである。というのは、参加館が許容できる標準的な情報項目を設定しなければならなかったからである。これは非常に難しいことである。このことは、1995年になってやっと、CIDOCがIGMOIを刊行できたことからもわかる。さらに述べれば、IGMOIがあるものの、博物館の世界では斉一的な目録情報を使用するのは非常に難しいので、CRMが構築されているのである。

ちなみに、日本でも総合目録的な性格をも有する「文化遺産オンライン」というシステムが、2004年からウェブ上で公開されている[33]。

2.3.6 目録の情報項目

ここでは博物館と図書館の目録の情報項目について述べる。

(1) 図書館目録の情報項目

既述のように図書館目録の情報項目は、大きくは記述、アクセス・ポイント、所在情報に分かれ、これらのうち通常第一者と第二者に焦点が当てられるので、以下ではこれらについて述べる。

■記述　ここでは記述の国際標準であるISBDの一般原則に基づいて、これの情報項目を紹介する。

ISBDでは、大きな情報項目として8エリアが設定され[34]、エリ

アの中に具体的な情報項目であるエレメントが設定されている。以下，ISBDの8エリアについて述べる。

〈第1エリア〉タイトルと責任表示エリア（Title and Statement of Responsibility Area）……タイトルやサブタイトル，メッセージ内容に責任のある人・団体（典型例は著者や編者）などの情報を記述するエリア。

〈第2エリア〉版エリア（Edition Area）……メッセージの変更である「第2版」「第3版」などの情報のほか，キャリヤーの変更である「縮刷版」「豪華版」などの情報を記述するエリア。

〈第3エリア〉資料（または刊行方式）の特性エリア（Material (or Type of Publication) Specific Area）……当該資料種別に特に必要とされる情報を記述するエリア。例えば地図資料の場合の縮尺率。なお図書の場合，このエリアは使用されない。

〈第4エリア〉出版，頒布等エリア（Publication, Distribution, etc., Area）……出版地，出版者，出版年などの情報を記述するエリア。

〈第5エリア〉形態的記述エリア（Physical Description Area）……資料の形態に関する情報を記述するエリア。図書の場合，通常ページ数と縦寸が記述される。

〈第6エリア〉シリーズ・エリア（Series Area）……対象資料が何らかのシリーズに属している場合，そのシリーズに関する情報を記述するエリア。例えば本書なら，「博物館情報学シリーズ第1巻」などと記述されよう。

〈第7エリア〉注記エリア（Note Area）……1～6のエリアに記述された情報に関する注記や，これらのエリアに収まらない情

報を記述するエリア。

〈第8エリア〉標準番号と入手条件エリア（Standard Number (or Alternative) and Terms of Availability Area）……例えば図書の場合，通常，標準番号については国際標準図書番号（International Standard Book Number：ISBN）が記述され，入手条件については価格が記述される。

ISBDの情報項目に読者は疑問を感じたかもしれない。というのは，図書館資料はメッセージ中心と述べたが，メッセージ内容を記述する項目がないからである（ただし版エリアには，メッセージの変更に関する情報も記述できる）。この点については筆者も疑問を感じているのだが，ISBDが制定されたころはまだ基本的にカード目録の時代であり，メッセージ内容を記述する項目まで設定するのは現実的ではなかったという事情があったのかもしれない。しかし現在の技術状況では，メッセージ内容に関する情報を目録に取り込むことも可能である。実際，目録システム（Online Public Access Catalog：OPAC）の中には，対象資料の要旨や目次などを表示し，その資料のメッセージ内容やその構成がわかるようにしているものもある。

そのほかにも，これは記述の範疇には入らないのかもしれないが，検索された資料の状態（例えば貸出中かどうか）の情報を表示するOPACも多い。これは他のハウスキーピング用の情報システム（貸出情報の場合は貸出管理システム）の情報を利用してなされる。なお，メッセージ内容に関して一点付言すれば，たしかに記述という意味では，メッセージ内容に特化して記述する項目がないのだが，アクセス・ポイントという意味では，メッセージ内容を一言

に要約したものである主題が,著者やタイトルと並んで重視されている。以下,アクセス・ポイントについて述べる。

■**アクセス・ポイント**　これは求める資料を探し出すための情報項目である[35]。図書館目録では,通常,主題,著者(これには個人のみならず,団体なども含まれる),タイトルのアクセス・ポイントが,記述とは別途設定される。

アクセス・ポイントの情報は通常統制される。統制というのは,自然語を使用していては求める資料を探し出すというアクセス・ポイントとしての機能を十分に果たせないので,語使用に関する約束事を設定することと,一応はいえよう。ここで「自然語」というのは,例えば,人が自然に頭に思い浮かべる語や資料に記されているままの語を指す。一方,統制された語は「統制語」と呼ばれている。以下著者名を用いて,なぜアクセス・ポイントには自然語ではなく統制語が用いられてきたのかについて述べる。

著者は本名を使用することもあるし,ペンネームを使用することもある(ペンネームを複数使用する場合もある)。また翻訳書であれば,著者名は他言語で表記されよう。このような場合,自然語を使用して著者名検索すれば,同一著者による資料のうち,検索で用いられた名称を使用している資料しか検索できない。

そこで図書館では,ある著者の代表名称を決め,当該資料でどのような表記の名称が使用されていても,目録のアクセス・ポイントとしては,原則としてその人物の代表名称を使用するという約束事を定めている。そうすれば,目録利用者もこの代表名称で検索することによって,同一著者によるすべての資料が検索可能になる。

著者名の統制を行うため,図書館では各著者のさまざまな名称と代表名称などからなるレコードが作成される。そのようなレコード

のファイルは,典拠ファイルと呼ばれている.

　図書館では伝統的に,主題のアクセス・ポイントにも統制語が使用されてきた.例えば,図書館に『図書の話』『書籍の楽しみ』『本好きの人へ』という資料があったとする.自然語の場合,それぞれ「図書」「書籍」「本」が主題のアクセス・ポイントとなろう.利用者が「本に関する資料を探したい」と思い,このとき頭に自然に浮かんだ「本」という語を用いて検索すれば,前記3冊のうち,『本好きの人へ』しか検索されない.同様なことは,「図書」を用いても「書籍」を用いても起こる.そこで,同義語のうちどの語を代表とするかなどが決められる.例えば,代表とする語に「図書」を使用すると決めれば,『書籍の楽しみ』『本好きの人へ』に対しても「図書」という語がアクセス・ポイントとして採用される.そうすれば,目録利用者も「図書」という語で検索することによって,ここで例示した三つの資料をすべて検索できるようになる.

　図書館の世界では,主題検索のために統制語彙表などと呼ばれるものが作成されてきた.これには,件名標目表やシソーラス,分類表がある.前二者では,同義語などのうちどの語がアクセス・ポイントとなるのかが示されており,後一者では,同義語には同じ分類記号が振られる.なお,標準的な件名標目表や分類表は19世紀後半には成立しており,シソーラスは20世紀中葉に現れている.

　著者や主題とは異なり,タイトルからの検索の場合は,通常自然語が使用される.ただし,同一の資料が『千一夜物語』『千夜一夜物語』『アラビアンナイト』『アラビア夜話』のように異なるタイトルをもつ場合は,統制されることがある.

　なおOPACでは,ここで述べた特別にアクセス・ポイントとして設定された項目以外に,記述の部分もアクセス・ポイントとして

使用できる。しかしながら，記述の部分の情報は基本的に自然語によるものなので，注意が必要である。

(2) 博物館目録の情報項目

以下図書館目録の場合と同様に，記述とアクセス・ポイントに分けて述べる。

■記述　ここではMDAの目録カードを例に情報項目を示す。同カードには以下の項目が設定されている。

①識別情報……資料を識別する簡単な名称やタイトルを記述するための情報項目
②作成情報……いつ，誰が，どこで，どのようにして資料を作成したのかを記述するための情報項目
③機関：識別番号……資料の所蔵機関と資料の識別番号を記述するための情報項目
④フィールド・コレクション情報……いつ，誰が，どこで，どのようにしてその資料を発見したのかを記述するための情報項目
⑤関連情報……所有や利用を通じて対象資料に関連のある人々，場所など，資料の履歴を記述するための情報項目
⑥記述情報……資料の状態，材質など，キャリヤーの情報を記述するための情報項目
⑦取得情報……誰からどのようにして資料を取得したのかということを記述するための情報項目
⑧保管／展示場所……資料の収蔵庫における保管場所や展示されている場合の展示場所を記述するための情報項目
⑨記録者：日付……記述の担当者とその日付に関する情報項目
⑩複製／修復情報……複製や修復に関する情報項目

⑪記録文書(documentation)……資料に関する出版物や文書ファイルなど,関連資料(文献)について記述するための情報項目
⑫注記……資料の任意の側面について記述するための情報項目

 ISBDのところで,図書館資料はメッセージ中心の資料であるのに,これに関する明示的な項目がない点に疑問を示した。一方,博物館資料はキャリヤー中心の資料であるが,上記の情報項目にはキャリヤーの特徴を記述するための「記述情報」という項目がある。ここには状態や材質のほか,サイズ,重量,構造,マークや銘文など,キャリヤーに関するさまざまな属性が記述される。

 博物館目録では,上記のような属性情報以外にもさまざまな情報が記述される。博物館目録は基本的には,学芸員が業務遂行のために用いるものであり,業務には資料管理が含まれる。それゆえこれには,資料管理に関する情報も記述される。また博物館資料の場合,キャリヤーの属性情報も重要であるが,資料に関連する情報も重要なので,このような情報も記述される。さらに,学芸員によって博物館資料情報の解釈が分かれることがあり,また時とともに解釈が変わることもあるので,記述の担当者とその日付も記述される。このことを反映してMDAカードの情報項目には,キャリヤーの属性を記述する項目の他,ISBDには見られない項目,すなわち資料管理に関する情報を記述する項目(例えば「取得情報」[36]「保管/展示場所」[37]「複製/修復情報」),資料に関連する情報を記述する項目(例えば「フィールド・コレクション情報」「関連情報」),記述の担当者とその日付についての項目(「記録者:日付」)が見られる。

■**アクセス・ポイント** 図書館資料はメッセージ中心であることを述べた。メッセージは要約可能であり,図書館目録ではこれを一

2章　博物館情報学と図書館情報学の比較

言に要約した主題が重視され，既述のようにこれのアクセス・ポイントも設定される。ところが博物館資料には主題のはっきりしないものが多い。この資料が何であるかは，結局キャリヤーのさまざまな属性からわかることになる。それゆえ博物館目録には，キャリヤーの属性に関するさまざまなアクセス・ポイントが必要とされる。

　また図書館目録の場合，人名などの固有名からのアクセス・ポイントとしては，メッセージの作成者である著者が設定されるのみである（メッセージ重視のためか，キャリヤーの作成者である出版者は一般にアクセス・ポイントとはならない）。博物館目録の場合も，図書館資料の著者にほぼ相当する作成者がアクセス・ポイントとして設定される（ただし博物館資料は，基本的にはキャリヤー即メッセージなので，博物館資料の作成者も，基本的にはこの両者の作成者となる）。だがこれの場合，このほかにも所有者や使用者もアクセス・ポイントとなりうる（例えば豊臣秀吉）。

　図書館目録では，場所は通常アクセス・ポイントとはならない。図書館目録には出版地が記録されるが，一般にはこれに対する検索要求は考えづらいからである。しかし博物館目録では，場所はアクセス・ポイントとなりうる。博物館資料の場合，作成地，出土地，採集地が重視され，これらに対する検索要求が考えられるからである。

　上記からわかるように，博物館目録は図書館目録のように少数の定番アクセス・ポイントではすまず，多数・多種のアクセス・ポイントが求められる。図書館目録のように少数の特別に必要とされるアクセス・ポイントがあるのであれば，記述とは別にこのための情報項目を設定できようが，多数・多種のアクセス・ポイントが必要

な博物館目録の場合，記述とは別にアクセス・ポイントのための項目を設定しづらい。したがって，記述の項目がアクセス・ポイントの項目を兼ねることになる。

最後に統制語について2文だけ述べる。図書館目録では統制語が重視される旨を述べた。博物館目録でもこの傾向が見られ，MDAはアクセス・ポイントとして重要な情報の記録には，統制語を用いることを勧めている。

2.3.7　目録の将来

ウェブの世界は，基本的にはウェブサイトやウェブページと呼ばれる"文書的なもの"から構成されてきた。これらはインターネット上の識別子（URL）が与えられ，HTMLというこれらのためのマークアップ言語でマークアップされ，互いにリンクづけられている。

これに対して2000年代後半から，ウェブの世界では別の動きが本格化してくる。すなわちデータにインターネット上の識別子を与え，これをRDFという一種のデータ記述モデルに基づいてマークアップし，互いにリンクづけられた形で公開しようという動きである。このような形で公開されたデータは，「リンクト・オープン・データ（Linked Open Data：LOD）」と呼ばれている。

図書館の世界では，先進国の中央図書館を中心にして，目録情報などのLOD化がすでに進められている。博物館の世界でも，目録情報などをLOD化しようという動きが出てきている[38]。そのような中，将来，博物館，図書館，それに文書館の目録情報などが，ウェブ上で互いにリンクづけられていくことが想定されている[39]。

2.4 まとめ

　本章は博物館情報学と図書館情報学を比較する章である。本書の性格上，単に両学の比較ではなく，これらの対象となる資料と目録をも比較した。

　比較の結果，図書館情報学は，図書館学と情報学が複合した一つの学問分野であるのに対して，博物館情報学は博物館学と情報学が複合した一つの学問分野とはいえず，博物館学の一分野・一側面，もしくは博物館学を情報という観点から捉える分野であることがわかった（本シリーズは基本的には前者の立場で構成されている）。

　図書館情報学の「情報学」は"information science"の訳であり，博物館情報学の「情報学」は"informatics"の訳であり，両者の意味するところは異なる。それにもかかわらず，博物館情報学の世界でもinformation scienceの母体となった「ドキュメンテーション」という用語が使用されている。これは，目録などの博物館情報学における基礎的な分野では，コンピュータ技術の応用分野というinformatics性が薄れ，コンピュータ技術の利用を意識しつつも情報の記録ということを重視するinformation science性が強くなっていることによるのかもしれない。

　図書館資料と博物館資料は対照的であった。前者はメッセージ中心でありサブジェクト性が強いものであった。後者はキャリヤー中心でありオブジェクト性が強いものであった。

　両者の目録も対照的であった。図書館目録は基本的に利用者のためのものであり，これの業務はハウスキーピング業務の中で別格の位置を占めていた。博物館目録は基本的に学芸員のためのものであ

81

り，これの業務はドキュメンテーション業務の中で別格の位置を占めるというものではなかった。

記述に注目すると，図書館目録には主に資料の属性情報が記述されるのに対して，博物館目録には，そのほかにも資料の管理情報や資料に関連する情報も記述されるし，記述の担当者やその日付も記述される。

アクセス・ポイントに注目すると，図書館目録では主題，著者，タイトルという三つのアクセス・ポイントが特に重視され，記述とは別途設定されるのに対して，博物館目録では少数のアクセス・ポイントが特に重視されるのではなく，多数・多種のアクセス・ポイントが必要とされた。またこれは，記述と別途設定されるのではなく，記述の中で扱われる。

最後に，博物館，図書館，文書館などの目録情報がウェブ上でLODの形で公開され，互いにリンクづけられていくことが想定されている旨を述べた。なおLODに関連しては，セマンティック・ウェブやメタデータにも触れねばならなかったが，紙数の関係上割愛した。

ここでは，本章で記すべきことと関係する組織やプロジェクトとしてとして，英国のIRGMAやMDA（現在の名称はCollections Trust），国際博物館会議のCIDOC，カナダのCHINに触れた。これらのほかにも博物館目録や博物館ドキュメンテーションに関連して触れねばならない組織やプロジェクトがある。本シリーズの第2巻『コレクション・ドキュメンテーションとデジタル文化財』では，本章で取り上げたものも含めて，さまざまな組織やプロジェクトが取り上げられるものと思われる。

2章　博物館情報学と図書館情報学の比較

引用参考文献・注

1：根本彰「図書館情報学の成立と展開」図書館情報学ハンドブック編集委員会編『図書館情報学ハンドブック』第2版，丸善，1999，p.12.

2：矢島國雄「博物館学史」倉田公裕監修，石渡美江ほか編『博物館学事典』東京堂出版，1996，p.228.

3：3章では，18世紀前半に最初の博物館学に関する著書が現れたとしている。図書館学と同じ基準を用いると，この著書をもって博物館学の始まりといえそうである。しかしこれについては，矢島は注2文献で「系統的な分類と研究方法に関する」ものとし，博物館学に関する体系的な著書とは見ておらず，この書をもって博物館学の出現とは考えていない。氏は博物館学が新たな学問領域として意識され始めたのは20世紀初頭としているので，ここでは一応矢島に従うことにした。一方，注1で紹介した根本が図書館学に関する最初の著書の出現をもって図書館学の始まりとしているのは，氏がこの著書によって「知識の体系としての図書館学が始まった」（注1文献）と考えているからである。

4：米国において，1880年代に初めて大学に「図書館学校」が開設され，1920年代に初めて博士課程まである図書館学の大学院が開設されている。これらの点に基づいて，ここでは学の確立が1880年代に始まり，1920年代に完了するとした。

5：矢島，前掲書，p.229-230.

6：根本彰「図書館情報学の領域と特性」図書館情報学ハンドブック編集委員会編『図書館情報学ハンドブック』第2版，丸善，1999，p.1.

7：「整理」ともいわれ，資料を検索可能な状態にすること。

8：ここで「作成」という語を使用した。これは，基本的に書類・文書などを作ることを意味する語である。通常，これ以外の場合には「作製」や「製（制）作」などが使用される。しかし，本章にはこれらの語の区別が微妙な箇所もあるので，何らかのものを作ることを意味する場合，すべて「作成」という語を使用することにした。

9："information science"は「情報科学」と訳すべきと考える読者も少なくないであろう。この点については，筆者は次のような事情があるものと推測している。すなわち，日本では"computer science"を「コンピュータ科学」と訳さず，「情報科学」と呼ぶことが多く，この用語とのバッティングを避けるために「情報学」という訳語が採用されたと。ちなみに，日本では"computer engineering"も「コンピュータ工学」と訳さず，「情報工学」

と呼ぶことが多い.
10：根本,前掲書,p5.
ただし根本は,正確には「計算機科学およびその応用領域」と記している.本章では「計算機」を「コンピュータ」と表記しているので,このように改めた.なおこの用語は,もともとは欧州系の用語と考えられており,根本は前述の「計算機科学およびその応用領域」の部分の前に,「ヨーロッパ圏では」という句を付している.
11：同上.
12：例えば次のように,この両者の差異を特に意識せずに博物館情報学について記している文献もある.「博物館情報学（museum informatics）は,いかに情報学（information science）と技術が博物館環境に影響するのかについての研究である.」
Marty, Paul F. et.al. "Museum Informatics," *Annual Review of Information Science and Technology*. 2002, 37, p.259.
なお著者（の一人）のマーティーは,博物館情報学の第一人者と目される人物であり,これに関する多数の論文を記し,さらには注15にある博物館情報学に関する共著書をも著している.
13：*Archives and Museum Informatics*. 1987 - 1999, 13Vols, 49Issues, Springer.
14："Museum informatics". Wikipedia. 2013.03, http://en.wikipedia.org/wiki/Museum_informatics,（accessed 2014 - 03 - 03）.
15：Marty, Paul F.; Jones, Katherine Burton ed.. *Museum Informatics：People, Information, and Technology in Museums*. Routledge, 2008, p.xi.
ただし正確に述べると,引用部分のように博物館情報学を捉えているというよりは,文脈的にはこのような広い視野の文献はほとんどないということを訴えているというべきである.
16：Marty, Paul F.. "An Introduction to Museum Informatics," Marty, Paul F.; Jones, Katherine Burton ed.. *Museum Informatics: People, Information, and Technology in Museums*. Routledge, 2008, p.5.
17：この節の内容は,おおよそ以下の文献によっている.
田窪直規「メディア概念から図書館情報システムと博物館情報システムを解読する」『人文学と情報処理』1994, 4, p.9 - 15.
田窪直規「情報メディアを捉える枠組：図書館メディア,博物館メディア,文書館メディア等,多様な情報メディアの統合的構造化記述のための」『慶

2章 博物館情報学と図書館情報学の比較

應義塾大学アート・センター／ブックレット』07, 2001, p.16-31.
田窪直規「情報メディアの構造化記述に就いて：その基礎的視点」図書館情報大学, 2004, 博士論文.

18：ここで「比較的」という語を2回使用したが，ここでいう比較は，後述の博物館資料との比較という意味である。

19：ただし，古書の場合は伝来・来歴も重視されうる。しかしこれは，図書館資料を博物館資料的に扱う書誌学的な興味に基づく場合などに限られる。

20：ただし近年では，ウェブ上の資料の増加に伴い，所蔵資料でなくても利用可能な資料であれば，目録の対象とされることが多くなってきた。

21：日本博物館協会編『日本の博物館総合調査研究報告書：地域と共に歩む博物館育成事業』日本博物館協会, 2009, p.89.

22：博物館情報学の「情報学」は "informatics" であったが，情報を記録する活動という文脈では "information science" の母体となった「ドキュメンテーション」という用語が使用されている。
なお，博物館ドキュメンテーションの詳細については，次を参照されたい。
S. A. ホルム著, 田窪直規監訳『博物館ドキュメンテーション入門』勁草書房, 1997.

23：今まで「目録業務」と記してきたが，以下の文脈では「目録に関する業務」というより「目録を作成する作業」というニュアンスが強くなるので，「目録作業」という用語を使用する。

24：もしかすると，"International Federation of Library Associations and Institutions" の略であれば，"IFLAI" になるのではと疑問を抱いたかもしれない。実は最後の "Institutions" は，IFLA という略語が定着した以降に付加されたものなので，これの付加後も IFLA と略すことになっている。

25：一般原則を定めた ISBD は，英語の "General" の頭文字を取って ISBD（G）表記され，資料種別ごとの ISBD も，各資料の頭文字を取って同様な表記がなされる。例えば，楽譜は "Printed Music" なので，これの頭文字を取って ISBD（PM）と表記される。

26：CIDOC の "DOC" は Documentation の最初の3文字を取ったものだが，"IC" ではなく "CI" になっているのがわかりにくいかもしれない。これはフランスに本部があり，英語の "International Committee" はフランス語では "Comité International" となるので，"CI" の順となっているのである。

27：「流用」は基本的に，本来の目的以外に利用することを意味する語である。だが，図書館目録の世界では「流し込んで（取り込んで）利用する」とい

う意味で使用されるので,本項でもこの意味で使用している。
28:「対応づける」と記してきたが,このことを英語で"mapping"というので,対応づけのための情報項目表をマッピング・テーブルと呼ぶ(なお,「テーブル(table)」には「表」という意味がある)。
29:ただし,集中目録作業はコンピュータがなくても行えうる。
30:ここでは日本の書誌ユーティリティを例に挙げたが,これを世界で初めて運営し出した OCLC の場合は,接続館は7万館を超えている。
31:NII の総合目録サイトは CiNii Books と名づけられている。これの URL は以下のとおり。
http://ci.nii.ac.jp/books/,(参照 2016‐09‐07).
32:ただし,CHIN は当初とは性格を変えてきており,近年ではデジタル技術を利用して,博物館やこれのユーザーをつなげるさまざまな取り組みを展開している。これの URL は以下のとおり。
http://www.rcip-chin.gc.ca/index-eng.jsp,(参照 2016‐09‐07).
なおこれについては,少々古いものだが以下の文献がある。
水嶋英治「北米における保存情報ネットワーク:ドキュメンテーションと博物館活動の接点」『情報の科学と技術』1992, 42(7), p.635‐641.
33:ただし,2004 年のものは試験公開版であり,2008 年から正式公開版になった。URL は以下のとおり。
http://bunka.nii.ac.jp/,(参照 2016‐09‐07).
34:ISBD は資料種別ごとに作成されている旨を述べたが,実は 2011 年にこれらの統合版が作成され,その際に旧来の1~8の8エリアにプラスしてエリア0が加えられ,全9エリアになった。
しかしエリア0まで加えて説明すると,博物館に興味のある読者には議論が煩雑になるので,ここでは旧来の8エリアの枠組みで説明することにした。
35:ややこしい話だが,正確にはそのような情報項目の中に入る情報そのものを指す用語である。ここでは説明の便宜上,情報項目として扱っている。だが文脈上,項目か情報そのものかの別が微妙な場合もあり,本章では情報そのものを指してこの用語を使用する場合もあるので,注意されたい。
なお,アクセス・ポイントを本章で述べているように捉えない場合もあるし,アクセス・ポイントを細かく分けて規定する場合もあるので,併せて注意されたい。
36:図書館の場合も取得情報のようなもの,つまりどこの書店から購入した

のかというような情報は通常記録される。しかしそのような情報は図書館利用者と関係がないので、目録とは切り離されて、ほかのハウスキーピング業務の情報システムで管理される。

37：図書館目録の場合、アクセス・ポイントと記述のほかにも、その資料の所在情報が付与される。これは「保管／展示場所」という項目に記される情報と同じではないかという疑念がわくかもしれない。しかし図書館目録の場合は、その利用者が求める資料を図書館の中で見つけ出すための情報であり、博物館目録の場合は、学芸員が資料の現所在を確認するための管理用の情報である。博物館資料は展示場所を移動したり、収蔵庫に保管されたり、外部へ貸し出されたりするので、現所在を押さえておかねば、学芸員は資料管理に失敗することになる。それゆえ、博物館目録には管理情報としての「保管／展示場所」が必要になるのである。

38：例えば以下の文献。

松村冬子ほか. LODAC Museum: Linked Open Data による博物館情報の統合と活用. The 26th Annual Conference of the Japanese Society for Artificial Intelligence. 2012, 4p. https://www-kasm.nii.ac.jp/papers/takeda/12/matsumura12jsaiz.pdf,（参照 2016-09-07）.

39：例えば以下の文献。

Dunsire, Gordon; Willer, Mirna. "Standard Library Metadata Models and Structures for the Semantic Web," *Library Hi Tech News*. 2011, 28（3）, p. 1-12.

3章
博物館情報の編集と知的活動

3.1 博物館目録の史的展開

　人類史における「記録」の歴史は長い。それが文字であろうとなかろうと，記録の蓄積は膨大な量に及ぶ。考古学，民族学，文化人類学，動物学，植物学，地質学・鉱物学，美術史学，建築史学など，博物館資料に限らず研究素材としての「モノ」と記録・情報が直接結びついてきた学問は枚挙に暇がない。

　こうした記録や物を仮に知識情報資源と呼んでおこう。知識情報資源は，従来より記録によって地域や時間を超えてきた。例えば，シェークスピアの作品は，時間と地域を超えて現代日本に伝わっている。では，こうした資源情報を提供するためのシステムや制度はどのように変遷してきたのであろうか。この節では，博物館に関係する「目録」について述べるが，目録は資源情報を提供するためのシステムである。さらに屋上屋を重ねれば，目録は人類の知的活動を表象する知識情報資源の概要を記し，検索可能にするものである。

　目録の史的研究はまだ十分な蓄積があるとはいえず，これから開拓すべき研究領域であろう。それゆえ当節で取り上げる文献は次段で紹介する4件に過ぎない。

3章　博物館情報の編集と知的活動

中国からは『目録学発微』[1]，ドイツからは『ムゼオグラフィア』[2]を取り上げる。また日本の紹介をしないのも配慮不足であろうから，博物館学の父といわれる棚橋源太郎の著作『博物館学綱要』[3]と鶴田総一郎の「博物館学総論」[4]から当時の考え方や目録法についてどのように捉えられていたのかを紹介する。なお，本章に続く4章では，わが国を代表する東京国立博物館，その前身である帝室博物館の目録について詳細に述べているので，併せて読んでいただきたい。

さて，各論に入る前に，「目録」とは何かを知っておく必要があるだろう。目録とは何かについてはすでに2章で触れているが，ここでは改めて辞書的な定義という観点からおさらいしておく。

常套手段としてまず国語辞典で「目録」を引いてみると次のように記されている。

①ある目的のために品物や書物の名などをまとめて書き並べたもの。リスト。物を贈るとき，実物の代わりにその品物の名だけを記して渡す文書（『国語辞典第二版』集英社，2000）。
②書物・文書の題目を集めて記したもの。一つの目的のもとに，多少とも体系的・網羅的に多数の条項を集成した法規。式条。式目。法典（『国語大辞典言泉』小学館，1986）。

次に，情報学，図書館情報学，博物館学の辞・事典や教科書類から引いてみる。

③目録とはメタデータの一種で，情報メディアを記述し，これをリスト化あるいはデータベース化したものを意味する

(『情報学事典』弘文堂, 2002)。
④目録は図書館において財産管理台帳としてはじまり, 資料検索のための道具として発展してきた(丸山昭二郎編『図書館の理論と実際3 目録法と書誌情報』雄山閣, 1993)。
⑤目録とは図書資料類を取り出すための手段(鮎澤修, 芦谷清『資料分類法』東京書籍, 1984)。
⑥博物館資料について一覧の形式にリスト化した目録(『博物館学事典』雄山閣, 2011)。

　博物館の世界では,「台帳」という呼称もしばしば使用するので, 上記の『博物館学事典』から引いてみると,「台帳とは, 博物館に受け入られた資料を, 博物館資料として登録した原簿」と定義している。図書館情報学で「目録法」というと, 図書館資料の目録作成方法のことを指すが, 近年ではこれと分類法などを含めて「資料組織化」「情報資源組織化」と呼ぶようになり, さらには「知識資源組織化」と称されるようになってきた。書籍だけを扱うのではなく情報や知識を資源と捉えるようになってきたのはネット社会の進展によるからである。

　ところで, 中国では古くから「目録学」と呼ばれる学問があり, 日本のように書誌学とは呼ばずに, 版本学, 校讐(しゅう)学, 文献学とも呼ばれているが, 中国の目録学は大雑把にいえば文献情報管理学である。博物館界においても, 図書館情報学の目録法や中国の目録学から学ぶ点は多い。次の項では, 中国における目録学の古典的名著『目録学発微』から見ていくことにする。

3章　博物館情報の編集と知的活動

3.1.1　中国目録学『目録学発微』

　この本の書名にある「発微」とは,わかりにくいところを明らかにする意味である。本項で取り上げる『目録学発微』[5]は,中国の図書分類を古代からひもとき,目録学の意義,方法,歴史を多くの文献資料に基づきながら説き明かした入門書である。幸いなことに,古勝隆一らによって本書が邦訳され,東洋文庫の一冊として刊行されたので,目録学の研究分野が今後さらに深まっていくに違いない。

　余嘉錫（1884-1956）によってまとめられた『目録学発微』は全4巻10章に分かれている。内容を章立て順に示せば,目録学の意義とその効用,目録という名称,目録書の体制（篇目,叙録,小序,版本の叙跋）,目録学の歴史,目録の分類体系の変遷などが論述されている。中国目録学を体系的にまとめた記念碑的著作といえるだろう。ここでは,目録学の意義と効用,目録という名称に限って以下簡単に紹介したい。

　著者の余によれば,中国の学術はもともと体系性に乏しく,また入門書の著述に重きを置いていなかった。とりわけ目録学においてはその傾向が強いという[6]。目録学を「学術の史」をも兼ねていると見る余は多くの古典的文献を分析しながら,目録の編纂の目的を「学術の源流を明らかにする」ことと結論づけた[7]。

　「図書目録は,学術の源流に重きを置くものだから,後世の人々はそれを学術上の交渉に役立てることができる。これは目録学に由来する効用が,学問に従事する者を裨益する一例である」[8]と述べ,古人による目録学の利用方法として次の6点を列挙した。

①目録に「著録」されているか否かによって書物の真偽を判断する（著録とは日本語の記述，英語のdescriptionに相当する）。
②目録を用いて古書の「篇目」やその分合を考証する（篇目とは書物の編・章につけた題目のこと）。
③目録のどの部類に著録されているかによって古書の性質を確定する。
④目録にしたがって欠けた部分を捜索する。
⑤目録にもとづいて「佚書」を考証する（佚書とは名前だけで実際にはなくなってしまった書物のこと）。
⑥目録に記載された姓名や巻数によって古書の真偽を考証する。

ここに整理された「書物」「古書」「佚書」の語を「博物館資料」と置き換えてみても，博物館情報学を学ぶ私たちにとっては同じことが通用するであろう。なお，②と⑥については「解題がなければ功を収めることは難しい」と余は指摘し，「とりわけ重要なのは解題中の論断に依拠している古人の学術を弁別することができるという点である」と述べている[9]。いずれにしろ目録学は読書家にとって「手引きの役目」を果たすものであると同時に，「学問する人であればその範囲に足を踏み入れずにすますことはできない」と断じた[10]。

さて，私たちは何気なく使っている「目録」という用語であるが，『目録学発微』は目録という用語は何を意味するものかという素朴な疑問に対して，時代考証と多くの文献を用いながら私たちの疑問に答えてくれる。「目録という名称は，劉向・劉歆の校書に起源を持つ」という[11]。この引用だけでは前後関係が分からないので『目

3章　博物館情報の編集と知的活動

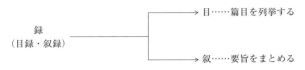

図3-1　「目」と「録」

出典：余嘉錫，古勝隆一・嘉瀬達男・内山直樹訳『目録学発微：中国文献分類法』東洋文庫837，平凡社，2013，p.43.

録学発微』の第2章を精読してもらうほかないが，この記述の中で次のように結論づけている。再び引用すると，「目録類のことを随志では『簿録』と呼んでおり，旧唐志に至って『目録』と呼ぶようになった。その後は定着して，変更されることはなかった」[12]。

ところで，目とは篇目のことであり，「録」とは篇目と「叙」（序文）とを合わせて呼んだものである。この関係性を概略的に示せば図3-1のようになる。

すなわち，目録とは「叙」をも包括する名であり，篇目だけをもって「目録」と呼ぶわけにはいかないのである。以下，やや長いがきわめて重要な部分なので『目録学発微』から引用しておく。ここに登場する「篇目」とは，上述のように，書籍・絵巻の編・章に付けた題目・表題をいう。

　　漢志に『劉向は校書に際し，一書を終えるごとに，その篇目を列挙し，その要旨をまとめて「録」を作って奏上した』とある。ここで要旨とは「叙」に述べるところの書物の大意を指す。それゆえ「目」と「叙」とがともに具わっていてこそ「録」と称しうるのである。「録」は「叙」と「目」とを包括する呼称であるから，「録」といえばすでに「目」は含まれている。だから，劉向の奏上した篇目および要旨は，もとの書物に附載さ

れていたときには「録」と呼ばれ,また集めて独立した単行本にまとめられたときには『別録』と呼ばれたのである[13]。

しかし,長い年月を経ている間,「襲用されるうちに『録』という呼称はもっぱら『目』に従属することになったので,篇目のみで『叙』のないものも『目録』と呼ばれるようになった」[14]というのである。

さて,ここまで読み進めてきた読者たちは「では一体『目』とは何か」とさらにもう一歩踏み込んで,疑問を抱くのではなかろうか。「目」という漢字のもつ意味をさぐっておくことも横道ではあるまい。『古代漢語詞典』(商務印書館,1998,北京)によれば,目とは条目,網目,名目,名称を指すとしている。ここでは日本語の二つの辞書から整理しておくことにしよう(表3-1)。

表3-1 「目」の意味

言泉(小学館,1986)	国語辞典(第2版 集英社,2000)
め,目つき,また見ること(例:目礼,目的,目標,衆目,注目)	め,まなこ(例:目前,耳目,衆目,眉目,瞑目,盲目)
かなめ,中心(例:要目,眼目,頭目)	めのあいたもの。穴のあるもの。すじめ,きめ
見出し(例:目次,名目,題目)	みる,みつめる,めくばせする(例:目撃,目送,目測,目礼,刮目,着目,注目,瞠目,反目)
条項の小分け,また何段階かに分類する段階の一 イ)箇条,条項(例:科目,項目) ロ)箇条書きなどで「項」の下,「節」の上位にあたる区分 ハ)生物分類上の段階のひとつで「綱」の下で「科」の上位にあたる区分(例:長鼻目)	要点,かなめ(例:眼目,面目,要目)
	主だった人,頭(例:頭目)
	ねらい,めあて(例:目的,目途,目標)
	見出し,表題(例:目次,目録,曲目,種目,書目,題目,品目,名目)
	分類して小分けしたもの(例:科目,項目,細目,式目,条目)
律令制で国司の第四等官。主典のこと	生物学上の単位の一つ,科の上,綱の下(例:ネコ目ネコ科)

ちなみに「録」とは,日本語では文字に書き記すこと,とどめて保存すること,書き記したもの,書きつけ,文書のことをいう。

さて,博物館関係者が再認識しておく必要があるのは,『目録学発微』の著者が警告したように,ただ「書名」(ここでは「博物館資料」と置き換えてもよい)のみを記したのは目録ではなく,資料の弁別(識別)を可能になさしめるためには「解題」が重要な役割を果たす,という点である。解題とは要点を解説することであり,題目の意味を解釈して大綱を述べることである。

つまり,博物館目録を作成することに即して考えれば,「資料名」だけの単なるリストづくりではなく,「解題」のように,あるいは「叙」に相当する大意の部分のように,当該資料のもつ意味,価値,歴史的・文化的・社会的な文脈の中での位置づけなど,資料を記述することがきわめて重要であることを忘れてはならないのである。

3.1.2　ニケリウス著『ムゼオグラフィア』

次は,中国からドイツに目を移してみる。ここに取り上げるのは,18世紀前半の文献『ムゼオグラフィア(*Museographia*)』[15]である。この書[16]は,1727年にドイツ・ライプツィッヒで刊行され,世界一古いといわれている博物館学書である。諸外国の博物館史研究の文献にもしばしば登場するが[17],どのような内容が記述されているのか,解説もなければ翻訳もない。書名の紹介だけである。その意味では,博物館学上の重要な位置を占める博物館史の研究が等閑(なおざり)にされてきたといっても過言ではない[18]。

1727年といえば,今からおよそ290年前のことである。ドイツ国内の状況のみならず,ヨーロッパ社会も,文化に対する市民の認識も,あるいは世界観も,今日私たちが生きる21世紀の様相とあ

らゆる点で相違していたことであろう。情報通信手段も交通事情も今日とは格段の差があるにもかかわらず、18世紀に書かれたこの書には、世界各地の博物館事情[19]が記されている。しかも、遠い極東の日本の博物館に関する記述（小見出しは「MIYAKO」とあり、京都か奈良のことと思われる）[20]もあり、どのように情報収集したのか興味は尽きない。

　博物館学を大別すると、博物館学（Museology）と博物館技術（Museography）に分類される。しかし、この今日的分類は20世紀後半から用いられるようになったものである。『ムゼオグラフィア』は学問の領域分類の名称ではなく「書名」である。博物館学の分類と混同してはならない。表紙にはC. F. Neickelioと記されているが、実はこれはペンネームまたは偽名である。本名を使わなかった理由は出版社からの要請によるものであった。

　本書をまとめるまでに30年の歳月を要したが、著者は学者ではなく商人であった。職業柄であろうか、スイス製の人形、植物、化石類、貨幣1,600点など、自分でもコレクションを集めていた。著者の希望としては学者たちにとって価値のある「博物館のための博物館」（Museo Museorum, Museum of the Museumsの意）を構想していたようである。表紙には、「Museographia, すなわち、正しく理解するための、かつ博物館を建設するための役立つガイド」と本書の趣旨ともとれる説明が記さてれているが、続けて「珍奇の部屋 Raritaeten Kammern（Rarity Chambersの意）のガイドである」として、「珍奇の部屋は今日のヨーロッパではどこにでも見られるし、博物館、財宝、芸術の部屋である」と補足している。

　本書に登場する博物館は、いずれも18世紀のCabinet of Curiosity（珍奇物の部屋）の影響を受けており、概して当時の博物

館の収集範囲は自然史資料であった。登場する資料の収集範囲は，①動物化石（Tiere und Fossilien），②植物（Pflanzen），③鉱物（Mineralien），④書籍（Bücheruam）の4分野であった。当時，書籍は入手も困難であり，何よりも高価であった。しかもコレクションの対象ともなっていた。

表紙の図版（図3-2）を見ると，中央の机の上に骨格標本などの自然史資料[21]を横に置きながら文献を参照している人物が座っている。部屋の左壁面は図書類が整然と並べられており，手前から，Logics，Astron（Astronomy），Medci（Medical）の図書分類ラベルが見られる。右側の壁面は小動物の全身骨格標本または化石が陳列されている。

『ムゼオグラフィア』本文の第2章では，博物館学の観点から見

図3-2 『ムゼオグラフィア』（1727）の表紙

ると興味深い指摘がされている。それは，名称（いわゆる今日的な資料名）の問題であり，「自然界の品目（Naturalibus）と人工物の品目（Artificiosis）は原則として区別されなければならない」と指摘し，そのあと自然界のキャビネット（展示収納庫）と人工物（芸術品）キャビネットの留意点に注意しながら詳細に記述していくのである。では，本文の記述から当時の資料分類についてどのように書かれているのか，幾つか拾ってみよう。

①形態分類

　　我々は数千種類ものムラサキイシ貝やカタツムリが収められている引き出しを見れば，様々な引き出しの分類体系を見出すことができる。時々集められたモノは多様な基本形を示す。愛好家は次の点に注意を払う。(a) これらの収集品は上手に磨くこと　(b) それぞれの資料は雄と雌の一対を集めること　(c) 大型の種と小型の種を別々の引き出しに置くこと[22]。

②配列

　　（前略）珍奇物の所有者は，本の配列構造が大変良く構成されているように，注意しなければならないからである。ある人は配列をふたつに分類する。ひとつは，ラテン語の配列であり，もうひとつは多言語による配列である。最初の分類は，神学，法学，医学，哲学，数学に関する本である。もうひとつの分類は，古代ヘブライ語，ラテン語，ギリシャ語，ドイツ語，オランダ語，イタリア語，スペイン語，フランス語，スウェーデン語などである。しかし，各分野はそれぞれの保管場所と位置の中で，維持管理される必要がある[23]。

③カタログ

　　私は特別な詳細を記述することに多くの時間を割くつもりは

ない。そのため,良くも悪くもない所有物を私が過大評価したとしても,外に顕れることはない。つまるところ,私の博物館の「カタログ」はそれ自体がひとつの完全な仕事なのである」[24]
「近年の状況では,ひとつひとつの陳列室が便利であるし,また役に立つと思う。あるいは少なくとも,文章か図面によって最も注目すべき資料を編集することであろう。(中略)ブランデンブルクの彼は次のように述べた。《もし仮に,カタログの中の標本により多くの言語的説明と挿絵に注釈が印刷されていたとするならば,この道理に適った優秀な貢献こそ古代遺物の科学を進歩させることができる》と[25]。

④資料と文献

ミュージアムとはひとつの部屋ないしは空間である。そこは,
(a) 所有者のこのみによって自然物または人工物の資料が存在する陳列庫である。
(b) 書籍,望ましくは陳列庫の資料に関係した本が収められた小室,または保管場所である。

もしある人が古遺物をもっているとすれば,その人の図書館にはまず何よりも,古遺物が記述された本が含まれていなければならない。仮に,賞牌の陳列庫があるとすれば,そこには古銭学の本があるべきである。あるいは,自然界の陳列室であれば,これらの物資に関係する本を集めておかなければならない[26]。

さて,上記の記述からもわかるとおり,18世紀には世界各地に「好奇心の部屋」が設立されていたため,「分類」「配列」や「カタログ」の作成といった問題が生じ,これらの概念も重要であると認識され,これらは改良されていったことであろう。本書刊行の8年

後の 1735 年には,カール・フォン・リンネ(Carl von Linné)が『自然の体系(*Systema Naturae*)』を出版し,これが近代生物分類学へとつながっていくのである。

3.1.3 目録とカタログの相違点

ところで,ここまで「目録」と「カタログ」という二つの用語が出てきたが,それほど厳密に区別をせずに使用してきた。一般的には「カタログ」と「目録」は同義語的に論じられているが,この章においては目録とカタログは異なるものとして論じることにしたい。

博物館・美術館を訪れる一般来館者にとって馴染みがあるのは,特別展や展覧会で入手することができる「カタログ」のほうではないだろうか。逆にいえば,目録を購入しようとする一般の来館者は少ないのである[27]。図書館情報学では,catalogue を「目録」,cataloguing を「目録作成」や「目録作業」という日本語に対応させているが,博物館の世界では少し事情が異なる。

まず,カタログという語を分析してみよう。catalogue(英),catalog(米),catalogue(仏),catalogo(伊),katalog(独)は,いずれもギリシャ語源の kata - と logos の合成語である。

　　kata-:(の)下に,下へ(分解してくずす意味を持つ)[28]
　　logos:語る,拾い集める,読む,数える,語ること,ことば,
　　　　　言語,数えること

つまり,katalogos とは分解しながら拾い集めることの意味である。

ラルース社のフランス語辞典によれば,catalogue は 13 世紀に登場した語であり,cataloguer(カタログを作成する)という語は 19

3章　博物館情報の編集と知的活動

世紀に登場した。一方,目録（inventaire）という語は法律用語であり,カタログという語より遅れること約半世紀,1313年に登場した。しかし,動詞の登場は逆転し,目録を作成する（inventorier）は1367年,カタログを作成する（cataloguer）は1801年に登場したのである。

表3-2　「カタログ」と「目録」の登場した年

	カタログ	目　録
名　詞	catalogue (1262)	inventaire (1313)
動　詞	cataloguer (1801)	inventorier (1367)

（　）の中の数字は用語が現われた年を表す
出典：Le Nouveau Petit Robert, *Dictionnaire de la Langue Française*, 1994.

　博物館資料を登録したり,モノから情報を抽出するための作業,すなわちドキュメンテーション作業は資料カードや資料台帳の上で記述・記載されるが,一般的には正式なものは「目録」という形でまとめられる[29]。島本浣によれば,18世紀の『百科全書』には次のように定義されているという。「目録は,保存のための公式文書であり,継承者あるいは共同体の財産と権利を証明するものである」[30]。

　この意味からすると,展覧会カタログのように市販されているカタログとは性格を異にするものである[31]。カタログは前述したように,ギリシャ語の「列挙」「分解しながら拾い集める」を意味するkatalogosに由来しており,古代・中世から手書きのカタログは作成されてきたが,百科全書でいうような「共同体の財産」という意味合いは少ない。あくまで,資料をすばやく同定するためのインデックス的リストであり,参照性を重視した分類記述である（島本の指摘による）。

では，目録とカタログはどこがどう違うのであろうか。この点を詳細に解説した『美術カタログ論』を参考に整理したのが表3-3である。

表3-3　「カタログ」と「目録」の性格の違い

カタログ	目　　録
・競売会において誕生したため市場性を意識 ・競売の顧客の便宜を図るための一覧表 ・印刷物として配布 ・分類・記述・秩序・参照性を重視 ・作品を素早く同定することが重要 ・インデックス的利用 ・目録が変容したもの	・財産目録的性格が強い ・保存のための公式文書 ・権利を証明するための文書 ・数え上げ記録する行為を重視 ・登記されることが重要 ・リスト・集積 ・一点ずつ書き記す文書

出典：島本浣『美術カタログ論　記録・記憶・言説』三元社，2005.より筆者作成

3.1.4　棚橋源太郎の『博物館学綱要』と鶴田総一郎の「博物館学総論」

　さて，ここまでは外国の例を見てきた。本節の最後は，歴史を振り返るという意味で日本の状況について述べておきたい。ここで紹介するのは，棚橋源太郎の『博物館学綱要』と鶴田総一郎「博物館学総論」である[32]。

　棚橋の著作『博物館学綱要』は「我が学芸教育の関係者並びに博物館従業諸士の参考に資せんがために執筆した」といい，また「教育教授の実地指導に当たること二十有余年，博物館経営に於いて四十年の体験を有している」が，本書は例言で述べているように「理論よりも実際的技術的方面の説述に紙面を多く費やしている」[33]。

　博物館発達の歴史，博物館の種類，地理的配置，職能について章

を追ったあと，第4章「博物館資料の蒐集整理保存」の第2節「蒐集品の整理」で，蒐集品目録の重要性について次のように述べている[34]（旧かなづかいは一部現代かなづかいに変更し，ルビを振った）。

（蒐集品目録の重要性）
　博物館蒐集品の整理目録調製の技術的方面は大体以上で尽きているが，研究機関としての博物館の見地からは更に重要な問題が残されている。即ち，蒐集品の整理目録の調製は，是非これを学術的素養のある館員，または館外特志の専門家の手に委ねなければならないことである。豊富な重要蒐集品を所蔵する博物館に於いて殊にそうである。大英博物館などが学界に重視されているのは，唯その蒐集品が豊富であるというばかりではなく，それが学術専門家に依ってよく研究整理され，完全な目録が編纂刊行されているからである。大量の貴重蒐集品を所蔵する博物館では，この重大使命を閑却(なおぎり)してはならぬ。

ここで棚橋は大英博物館を例に挙げているが，何も国際的に有名な博物館だけとは限らない。どれほど小さな博物館にとってみても，完全な目録が編纂・刊行されることが望ましいし，棚橋のことばにあるように，目録の「重大使命を閑却してはなら」ないのである。
　博物館学の黎明期にこのような指摘をしていたことを考えれば先見の明があったともいえるが，その一方で，博物館学を発展させようと心底考えたのであれば，「館外特志の専門家の手に委ねる」のではなく，さらにもう一歩進めて，「目録基準の作成」まで導くべきではなかったか，というのは酷であろうか。
　棚橋の『博物館学綱要』から60年以上経った今日でも，残念な

がら博物館界には図書館界にはある目録規則あるいは「目録基準」が存在していないのであるから，逆にいえば，今まさにそうした「博物館目録基準」を設定する時期に来ている，ともいえるのである[35]。

次に，鶴田総一郎の「博物館学総論」の中で記述されている「目録」について眺めてみたい。鶴田のこの著作の中で「目録」が登場するのは，第4章「博物館の目的を達成するための方法」の中である。全体構成の中で「目録」の位置づけを見ると，表3-4のとおりである（資料の記録に関係する部分は太字で示している）。

表3-4　博物館の目的を達成するための方法

収集法	I	一般収集法：採集，発掘，購入，受贈（寄贈），交換，委託・寄託・出品，借入，科学的記録法		
	II	資料収集記録の作成		
	III	資料の鑑査		
	IV	資料の確保		
	V	収集組織		
整理保管法	I	資料製作法：加工，模倣，二次的製作，繁殖・育成		
	II	資料受入法：	A	受入の種別と手続き
			B	受入帳簿の作成
			C	資料基本カードの作成
			D	各種原簿の作成
	III	**分類目録法：**	A	**分類法**
			B	**目録法**
	IV	保存法：収蔵法，資料の保全		
	V	資料修理法		
	VI	資料払出法		
調査研究法	I	博物館資料の研究		
	II	博物館資料と人との結び付きに関する研究		
教育普及法	I	展示		
	II	教育活動		

出典：鶴田総一郎「博物館学総論」日本博物館協会編『博物館学入門』理想社，1956. より筆者作成

3章　博物館情報の編集と知的活動

この全体像の中で，整理保管法のⅢ-B「目録法」の項を詳しく見ると，目録法の意義と機能について次のように述べている[36]（目録の意義ではなく，目録法の意義と述べているところに注意したい）。

（目録法の意義と機能）
　所蔵博物館資料の種類，数，所在，内容，識別を実物を見るのではなく，手軽に能率的に正確に迅速に知るために目録をつくる必要がある。
　この目録を，収集・整理保管・研究・教育普及の各目的に応じて作製して備付けておく一連の仕事を目録法と呼ぶ。このためには目録は次のような機能を備えていなければならない。

この著作が出る前にも1952(昭和27)年に『学芸員講習講義要綱』[37]が発行されているが，「博物館資料の分類及び目録法」は鶴田が整理したような内容にはなっていない。『学芸員講習講義要綱』の「博物館資料分類及び目録法」は，自然（地学）と植物分類目録法の二つについて記述されているのみである。

　図書館における図書分類及び目録法の様に整然としたものではなく，鉱物に於いてはたとえば化石にては大体に於いて動物分類と似ているが，鉱物さらに岩石となるに従い分類は難しくなる（自然地学 p.90.）

　図書館のようにはっきり定まった分類目録はないが，要するに資料が明瞭にわかり何時でも必要に応じてその資料が取り出されるように分類しておけばいいわけである（p.95.）

これらの表現はある意味で投げやり的な表現であるが，現実的にはどのように目録記述していくのか手探り状態であったのであろう。そしてわずか3，4年の間に，鶴田が図書館学を横目にしながら，目録の理想像を追究し整理したのである。鶴田は下記のようにいう。

　目録は次のような機能を備えていなければならない。
　a．主題から検索できること。
　　　分類の項目から検索できるもの……分類目録
　　　件名から検索できるもの……件名目録
　b．資料からの検索ができること。
　　　品名からの検索……品名目録（品名・名称・題名等）
　　　地名からの検索……地名目録（地名・民族名等）
　　　人名からの検索……人名目録（製作者・使用者・採集者・
　　　　　　　　　　　　寄贈者等）
　c．資料の所在の検索ができること。
　　　収納棚架番号，収蔵室名等から所在資料がわかることなど。
　d．標題その他の事項が必要に応じて記述してあり，他の資料と識別できること。
　e．各種の参照を十分に設けておくこと。

ここに述べられた「a．主題から検索できること」という考え方は1950年代の博物館学関連文献には登場せず，「主題検索」という概念も博物館資料には適用されていなかった。「d．標題」という呼称も図書館学からの借り物であろう。おそらく，図書館学の文献等から鶴田が想起・発想し，博物館学に応用するべく独自に整理したも

のと考えられる。棚橋と鶴田が目録の重要性を指摘してから半世紀が経過したが、まだ本格的な目録研究は行われておらず、ようやく緒についたばかりである[38]。

3.2 知識情報資源としての記録価値

3.2.1 経済的価値 vs 記録価値

前節では、博物館の目録やカタログについて述べてきた。この節では、知識情報資源としての「記録」について考えてみたい。社会にしろ政治にしろ、経済活動の歯車によって回っている。そのため、この世の中では、単に「価値」という場合、経済的価値を指すことが多い。「評価」という語も経済的評価を意味することが多く、査定という語も、鑑定という語も、実は経済的評価を指している。

博物館活動も、美術館活動も、当然のことながら経済活動の歯車で回っている。例えば、標本や作品を購入するし、作品の移動の際に評価額に応じて保険をかける。しかし、博物館や美術館の展示作品には値札もついていなければ、作品の評価額の数字も示されることはない。なぜなら、作品は売り物ではないし、一般来館者に作品の評価額を示す必要もないからである。基本的には経済的な価値基準とは別の基準で作品は収集され、展示され、保存されている。もし絵画作品を購入したいという人（来館者）がいるとすれば、画廊や作品を売買するギャラリーに行けばよい。

博物館・美術館にとって重要なのは、経済的価値（economic value）よりも「記録価値（documentary value）」のほうである。作品、資料、標本に「記録」された「情報」がなければ、それは単な

る骨董品であるし，資料の価値は無いのに等しい。この「骨董品と同じである」という指摘[39]は，1953(昭和28)年の文部省社会教育局編『学芸員講習講義要綱』に記述されていたが，実は文化財の価値を決めているのは人の価値観ではなく，法律なのである。この『学芸員講習講義要綱』では「資料分類・目録作成」について多くの頁を割いており，収集記録作成の重要性について，15頁で次のように指摘している。

　　従来，我が国の博物館にあってはこの資料収集記録の作成，添付が十分に行われていないが，この収集記録の作成，添付されていない資料は古道具屋の店頭の商品と何等異なるところがない。

この指摘はきわめて当然であり，博物館業務の中では，資料収集，展示・教育と同様に重要な位置づけがされていたのが「記録化」という業務である[40]。では，どのような法律によって価値が決められているのだろうか。

わが国では，文化財保護法という法律によって「価値」を定義している。多くの国々でも同様な法律によって価値が定められているが，ここに登場するのは，歴史的価値，芸術的価値，学術的価値，鑑賞的価値の4つの価値である[41]。

「文化財保護法」第2条　文化財の定義

> （文化財の定義）
> 第2条　この法律で「文化財」とは，次に掲げるものをいう。
> 一　建造物，絵画，彫刻，工芸品，書跡，典籍，古文書その他の有形の文化的所産で我が国にとつて<u>歴史上</u>又は<u>芸術上</u>

> 価値の高いもの（これらのものと一体をなしてその価値を形成している土地その他の物件を含む。）並びに考古資料及びその他の学術上価値の高い歴史資料（以下「有形文化財」という。）
> 二　演劇，音楽，工芸技術その他の無形の文化的所産で我が国にとつて歴史上又は芸術上価値の高いもの（以下「無形文化財」という。）
> 三　衣食住，生業，信仰，年中行事等に関する風俗慣習，民俗芸能，民俗技術及びこれらに用いられる衣服，器具，家屋その他の物件で我が国民の生活の推移の理解のため欠くことのできないもの（以下「民俗文化財」という。）
> 四　貝づか，古墳，都城跡，城跡，旧宅その他の遺跡で我が国にとつて歴史上又は学術上価値の高いもの，庭園，橋梁，峡谷，海浜，山岳その他の名勝地で我が国にとつて芸術上又は観賞上価値の高いもの並びに動物（生息地，繁殖地及び渡来地を含む。），植物（自生地を含む。）及び地質鉱物（特異な自然の現象の生じている土地を含む。）で我が国にとつて学術上価値の高いもの（以下「記念物」という。）
> 五　地域における人々の生活又は生業及び当該地域の風土により形成された景観地で我が国民の生活又は生業の理解のため欠くことのできないもの（以下「文化的景観」という。）
> 六　周囲の環境と一体をなして歴史的風致を形成している伝統的な建造物群で価値の高いもの（以下「伝統的建造物群」という。）

　作田啓一は，社会の中で広範に制度化されてきた代表的な文化項目を4つの体系から成るとしている[42]。図3-3にあるように，4つの体系のうちの一つが表現様式である。これは「好み，センス，品，適合，美など，感覚的な受容の容易さや困難さを表わす用語で

経験知識 (科学)	世界観 (宗教)
表現様式 (芸術)	秩序 (道徳)

図3-3　文化体系
出典：作田啓一『価値の社会学』
　　　岩波書店，2001，p.71.

指示されるような内容をもつ」とされ，「一つの時代の一つの社会において，その成員にある程度共通した表現様式の体系がある。人間の容姿，ことばづかい，衣服，日常生活のスタイル，自然，建築物，絵画，音楽などに関して，好みやセンスの規準がある。それを鑑賞的規準と呼ぶことができよう」という。

　しかし，博物館や美術館が資料(作品・標本等)を収集するか否かの判断をする際，価値を認定するためには，作田のいう規準以上に，さらに詳細な規準が必要である。(学芸員の)個人的な好みや好き・嫌いでモノの価値を定めてはならず，社会的な文化保存機関である博物館・美術館が価値を認定するための価値基準は成文化されていなければならない。かつ，その価値基準や収集規準は社会に認められていなければならないのである。

　資料の歴史的価値を定める場合も，厳密にいえば，記録情報が必要であり，歴史的価値を決めるのは記録価値そのものなのである[43]。

　歴史とは，時間の変遷であり，文字で書かれた社会の時間変化である。人間の寿命をはるかに超えた時間的経過の記録である。『言泉』(小学館，1986)によれば，「ある観点から秩序づけられた記述」と定義されている。歴史の「史」は「ふみ」であり，記録を受け持つ官，歴史を書く人である。意図的であるか否かにかかわらず，長い時間経過と社会変化の中で残されてきたモノである以上，時代を経てきたがゆえに，歴史的価値を認めるのである。博物館学に限定

していえば,資料の記録すなわち資料情報が付随していなければ資料価値はないと断じることができる[44]。経済的価値と記録価値を同一平面上で一概に比べることはできないが,少なくとも博物館が資料を収集し,保存・展示するためには,資料の経済的評価だけではなく,資料情報を記した記録(知識情報資源)の存在が必要であり,その意味で,資料価値イコール記録価値なのである。

記録価値のほかにも,博物館資料にはさまざまな観点から価値を認定することができる。脆弱な歴史的実物資料を展示したり,直接手に触れさせることは資料保存の観点から慎まなければならないが,実際にはレプリカ(複製品)を使うこともしばしばある。オーセンティシティ(真正性)の点から判断すれば,レプリカは博物館に相応しくないと思われるかもしれないが,複製品であることを明示した上で使用すれば何ら問題はない。このような場合は,レプリカの「教育的価値」を,あるいは,「使用価値」を認めているからである。いずれの場合でも,教育活動に利用するためには「情報」が必要であることは言うまでもない。

3.2.2 資料の分類

(1) 博物館資料の分類

ところで,文化庁が進めている「文化遺産オンライン」は最近充実してきている[45]。自分の知りたい歴史資料や文化財・美術品を探す場合は,「時代」「分野」「地域」「文化財体系」から検索することができる。「分野」を選択すると,絵画,版画,彫刻,工芸,伝統芸能などに分類されている。「絵画」の中を,日本画,油彩画,水彩,素描,東洋画,というようにさらに細かく分類しているため,自分の調べたい作品を探しやすく,検索結果は画像つきで表示される。

こうした階層的な分類構造をツリー構造というが，この構造とは別に，フランスの博物館学者ジョルジュ・アンリ・リビエール (Geroge Henri Rivière) の考案した資料分類体系はマトリックス構造であり，全体像がわかるので利用しやすいであろう。百態百様の資料を位置づけるために，リビエールは『博物館学』[46]の中で，コレクションの分類を縦と横の表の中で分類を試みている。日本の博物館資料に必ずしも応用できるとは限らないが，一つの参考例として表3-5に紹介しておく。

(2) 資料と史料

　さて，日本語としての曖昧さを排除しておくために，類義の同音語を別表記する。例えば，資料，史料，試料である。

　過去の記録資料を用いて歴史は書かれる。現在，生きている私たちも「今」という時を記録し，日常の生活風景や今日の景観などを記録しておけば，いずれ記録資料としてよみがえり，歴史の研究素材になっていくことだろう。過去から継承されてきた文書類や記録自体が「文化財」になる場合も多い。こういった記録類を総称して「記録遺産（archival heritage）」と呼ぶ。しかし，文字あるものが記録遺産となるかというと，それほど単純ではない[47]。より厳密にいえば，記録遺産は，歴史的・文化的な価値があるからこそ永続的に保存されるべき記録史料である。狭義には，法令によって永続的な保存義務が課せられた記録史料（文書類）を指すこともある。博物館で取り扱う「資料」の場合は，その特性を十分に認識しておかなければならない。文化的な資料を大別すると，形のあるモノ（有形資料）と形のないモノ（無形資料）に分けられる（この点については本シリーズ第2巻で解説する）。

3章　博物館情報の編集と知的活動

■資料
- もとになる材料，特に，研究や判断などの基礎とする材料（『広辞苑』第 5 版）
- 博物館記録媒体や特性にかかわらず，情報が記録されたもの，ドキュメント，記録化情報〔記録，文献〕（『文書館用語集』大阪大学出版会，1997）
- 博物館活動を行う上に必要な〈もの〉と〈ものに関する情報〉が体系的に研究され（あるいは研究対象となりうる），収集され，整理され，いつでも利用できる状態にあるものをもって「博物館資料」という（『博物館学事典』東京堂出版，1996）
- 資料とは，目的のある人間活動に対して有意義な固定情報または具体物である（加藤昭「博物館学Ⅰ-博物館職員講習講義資料」国立社会教育研修所，1978）。
- 「博物館資料」とは，博物館が収集し，保管し，又は展示する資料（電磁的記録〈電子的方式，磁気的方式その他人の知覚によっては認識することができない方式で作られた記録をいう〉を含む）をいう（博物館法第 2 条 3）

■史料
- 歴史の研究または編纂に必要な文献・遺物。文書，日記，記録，金石文，伝承，建築，絵画・彫刻など。文字に書かれたものを「史料」，それ以外を広く含めて「資料」と表記することもある（『広辞苑』第 5 版）
- ①個人または組織がその活動のなかで作成または収受し，蓄積した資料で，継続的に利用する価値があるため保存されたもの。記録史料。②歴史研究に利用可能なすべての記録・モノ情報資源。または歴史資料のための文字記録情報（『文書

表3-5 リビエールによるコレクションの分類

0	1	2	3	4	5	6	7	8	9	10
領域	分類コード					基本的分類				
先史		旧石器時代	中石器時代	新石器時代	石器時代	青銅器時代	銅器時代	鉄器時代	先史装飾	
考古		エジプト	ギリシャ	エトルリア・ローマ		コロンブス以前	キリスト考古学			
美術		写本挿絵	彫刻作品	デッサン	絵画図像	モザイク	琺瑯彫石	写真	都市建築	造形芸術
装飾美術		陶器	繊維衣装	古銭	武器甲冑	金銀細工	宝石真珠	家具	芸術品	衣装
音楽産業		特殊音楽	膜音楽	弦音楽	空気音楽	混合楽器	機械楽器		録音機	
歴史		軍事史	時代追憶	伝記	宗教	海事史	古文書	地域史	紋章 旗	肖像画
民俗工芸		農業	狩猟 漁	紡糸製織	容器	特産品	遊具競技	儀式	図版	仮面
自然史		地質鉱物学	動物学	植物学	生物学	古生物学	人類学			生物標本
科学技術		物理学	工学	光学音響学	電気	化学	技術産業	天文学気象学	冶金学	工具設備
環境産業		地上輸送	航空輸送	水中輸送	通貨	郵政切手		職業職人	測定	映画
社会科学医療								医学健康管理		
文学演劇		書物	手稿	絵本	印刷原稿	演劇芸術	地図図面	楽譜	文字	

3章　博物館情報の編集と知的活動

11	12	13	14	15	16	17	18	19	20	21
地理学的分類		時代		材質分類		色彩	取得方法	資料状況	場所	保存
北欧		先史時代1	先史時代2	樹皮	木材	灰色	購入	普通	屋外/庭	
中欧	東欧	古代1	古代2	大理石	石材	黄色	収集	悪い	倉庫	署名
西欧	南欧	中世1	中世2	青銅黄銅	金属	赤色	寄贈	不完全	研究資料	
中東	中央アジア・インド	ルネサンス	イスラム	鉄鋼アルミニウム	ガラス	緑色	遺贈	部分/破片	常設展示	懐疑的
東南アジア	極東	16世紀1	16世紀2	貴金属	翡翠宝石	青色	交換	使用可能	仮設展示	実験用
北極	北米	17世紀1	17世紀2	陶器	粘土	バラ色	借用	標準/処置	業務上使用	
中米	南米	バロック	ロココ	羽根毛皮	生物	紫色	寄託	アルバム	研究所	
北アフリカ	マダガスカル	18世紀1	18世紀2	骨　角	琥珀　貝	オレンジ色	譲渡	組立	作業所	タイプ標本
西アフリカ	東アフリカ	19世紀1	19世紀2	繊維	象牙	群青色		再構成	貸出中	
中央アフリカ	南アフリカ	20世紀1	20世紀2	紙　厚紙	皮革	黒色		鋳造	紛失	
オセアニア	ミクロネシアポリネシア			かご	植物繊維	明緑色		模型	交換	
				果実	プラスチック	白色		複製		

館用語集』大阪大学出版会, 1997)

■試料
・岩石・鉱物類では広義の科学的活動の対象として取り扱う具体物であり, 人為的処理以前の状態を保ち, 資料となる資格を持つものを試料という (加藤昭「博物館学Ⅰ－博物館職員講習講義資料」国立社会教育研修所, 1978)。

(3) 非文字資料

ユネスコが行っている事業の一つ「世界の記憶 (Memory of the World)」も, その対象は文字資料 (史料) である。図や挿絵が描かれていたとしても原則は文字資料である。人類が長い間記憶して後世に伝える価値があるとされる書物や歴史的文書など記録物 (動産) を「記録遺産」として登録することによって, 人類の文化を受け継ぐ重要な文化遺産として認定する事業である。選定基準は世界歴史に重大な影響をもつ事件・時代・場所・人物・主題・形態・社会的価値をもった記録遺産を対象としている。文字資料は, 文字の存在によってそれが「どのようなモノか」判断でき, また記録化することが可能である。

一方, 非文字資料とは, 文字によって記録されることがなかった人間のさまざまな「いとなみ」に関する資料である。民俗資料, 民具, 工具, 農具, 楽器類, 芸術作品, 機械類 (産業遺産) など, 文字資料以外の資料のほとんどは非文字資料である[48]。博物館資料は文字情報が付加されているモノは比較的少なく,「非文字資料」の方が多い。それゆえ, 専門的知識をもつ学芸員や研究者が非文字資料を特定しなければならない[49]。文字資料にしろ, 非文字資料にしろ,「それが何か」を文字資料として記録しなければならない点が

図書資料との大きな違いであるが[50]，資料に名前がなければ名前をつけなければならない（これを「命名」「名辞化」というが，これについては1章で少々詳しく論じている）。

（4）自然史標本

博物館が所蔵する自然界の資料を大別すると，動物標本，植物標本，岩石鉱物標本（地学・古生物・化石）等に分類され，研究用，教育用，展示用，永久保存用など用途別にも分類される[51]。博物館の標本資料は，将来にわたって新たな発見が期待される研究素材であるばかりでなく，研究結果・研究成果を保証する物的証拠である。自然史標本に限ったことではないが，標本に関する画像が提供され学術利用されることによって世界の研究者にとってもおおいに役立つことになる。

人類共有の知的財産である貴重な標本を永久的に安全に管理することが，博物館に課せられた最も重要な課題である。ここではいくつかの用語の定義を見ておきたい。

　　　試料を処理することによって資料となり，得られた情報に科学的有用性があれば，その資料は「標本」と呼ばれる[52]。

標本は，保存状態によって区分すると，①乾燥標本，②液浸標本，③プレパラート（組織標本）に分類される。植物の乾燥標本の場合，平面的な標本（腊葉標本）と立体的な標本に分類される。動物の乾燥標本の場合は，本剥製標本，仮剥製標本，毛皮標本，頭部剥製標本，全身骨格標本，角付頭骨標本などに分類できる。標本はその所在と情報を明らかにするために登録台帳に，記号や番号等所定の事

項を記し，標本にも記号番号等をラベルに記入して一緒に保存するが，可能ならば登録記号番号は標本そのものに記入することが望ましい。混乱が生じたとき，近似の標本と区別つかなくなることがあるからである。

さて，自然史資料の目録について先人たちが注意事項を後世の私たちに残してくれているので，耳を傾けておきたい。

> わが国の各館から出版される種々の目録は，登録番号と品名だけのものであったり，台帳の記載より簡単なリストであったり，『図録』であったり，一体誰のために，何を意図してつくられたのか真意が疑われる類いが多い。自然史博物館の収蔵資料目録は，美術展の図録や，列品解説や，出品目録の自然版であってはならない（それから成長しなければならない）のである[53]。

3.3 コレクション情報の編集と加工

3.3.1 日本の博物館の目録化率

情報化の進展につれて，インターネット上で博物館情報を公開する館が増加している。また資料や作品などのコレクションをデータベース化する博物館も増えているが，資料を取り巻く状況は厳しいのが現状である。

日本博物館協会の平成11年度版『博物館白書』によれば，資料に関する問いで，「資料をよい状態で保存することが難しくなっている」と回答した博物館は58.9%，「未整理の資料がたくさんある」

と答えた博物館は55.3%にも及んでいる。さらに,わが国全体の博物館で「目録を備えていない」割合はおよそ半数の50%である。「資料を整理したい」「目録化したい」「デジタル化したい」という要求が出てくるのは当然の成り行きであるが,時間・人員・予算が不足しているために,情報化には手が回らないという博物館も多い。

　資料そのものを整理するだけでは公共的な利用に供することはできない。博物館の基本的な機能である「収集・保存・展示・教育的活用」という資料そのものの流れと併行して,資料に関する情報が付加され,整理・蓄積されてすぐに引き出せるようにしておく必要があるのは言うまでもない。資料を収集・保存し,活用していくためには,資料に関する「情報」の記録化(文章化・文書化)が不可欠である。資料情報の記録は博物館活動の前提であると言っても過言ではないのである。

3.3.2　資料の組織化と情報資源の組織化

　博物館の目録化率を高めるには,目録に記載する項目を決定する必要がある。記述すべき項目は多ければ多いほど良い,というものではない。最低限の情報をまとめ,「中間目録」を作成し,徐々に,あるいは最終的に目録を完成させていくロードマップが必要である。リュック・ブノワ(Luc Benoit)の『博物館学への招待』では,イタリア式目録が紹介され,目録とカタログに記載すべき項目を表3-6の3種類に整理している。一方,もう少し複雑な記述項目もある。国際博物館会議(International Council of Museums:ICOM)の国際ドキュメンテーション委員会(International Committee for Documentation:CIDOC)によって定められた標準である。

国際ドキュメンテーション委員会では，博物館の資料情報に関して表3-7のような指針を制定している。博物館は自館で取り扱う資料に応じて「情報グループ」や「情報カテゴリー」を設定することが推奨されている。この指針の詳細については，第2巻で取り上げるため，ここでは「情報グループ」と「情報カテゴリー」を一覧表の形で示すにとどめる。

表3-6　収蔵目録や作品カタログに記載すべき項目（イタリア式目録）

A．収蔵目録に記載すべき項目（イタリア式台帳）	B．目録カードに記載すべき項目	C．作品カタログに記載すべき項目
1．取得方法	ⅰ．作者	a．作者
2．販売者または遺贈者，寄贈者の氏名と住所	ⅱ．作品名，日付	b．略歴
3．取得年月日	ⅲ．材質，寸法	c．作品名，日付，署名
4．登録簿への記載日	ⅳ．登録番号	d．材質，寸法
5．価格	ⅴ．出所，入力日	e．作品の概要
6．分類指標または分類番号	ⅵ．参考資料	f．作品歴
7．登録番号	ⅶ．写真	g．参考文献一覧（可能ならば）
8．資料または作品の記述		h．展覧会歴リスト
9．材質と技巧		ⅰ．作品批評，属性，出典
10．法量（寸法と重量）		j．作品の所有者
11．作者		
12．時代		
13．起源（制作）		
14．起源（機能）		
15．起源（コレクション）		
16．カタログ		
17．資料ファイル		
18．その他の観察点		

出典：リュック・ブノワ，水嶋英治訳『博物館学への招待』白水社，2002，p.152-154．より筆者作成

表3-7　国際ドキュメンテーション委員会の定めた「情報グループ」と「情報カテゴリー」

	情報グループ	No	情報カテゴリー
1	取得情報 Acquisition Information	1	取得方法
		2	取得日時・時期
		3	取得源（元所有者）
2	資料の状態情報 Condition Information	4	状態の確認
		5	状態の記述
		6	状態確認の日時・時期
3	処分情報 Deaccession & Disposal Information	7	処分の日時・時期
		8	売却・処分の日時・時期
		9	処分の方法
		10	受入人，受領者
4	記述情報 Description Information	11	物理的記述
		12	標本のタイプ
5	画像情報 Image Information	13	画像のタイプ
		14	画像の参照タイプ
6	機関情報 Institution Information	15	機関名称
		16	部署名
		17	機関の所在地
		18	機関の所在する国名
7	所蔵情報 Location Information	19	所蔵場所
		20	所蔵方法
		21	所蔵の日時・期間
		22	常置場所
8	記号・刻印情報 Mark & Inscription Information	23	記号・刻印の文字
		24	記号・刻印のタイプ
		25	記号・刻印の記述
		26	記号・刻印の方法
		27	記号・刻印の位置
		28	記号・刻印の言語
		29	記号・刻印の翻訳
9	材質・技法情報 Material & Technique Information	30	材質
		31	技法
		32	構成要素の記述

	情報グループ	No	情報カテゴリー
10	法量情報 Measurement Information	33	寸法
		34	計測値
		35	単位
		36	計測部位
11	資料関連情報 Object Association Information	37	関連場所
		38	関連時期・日時
		39	関係団体，人名
		40	関係のタイプ
		41	本来的機能
12	資料の収集情報 Object Collection Information	42	収集場所
		43	収集時期・日時
		44	収集者名
		45	収集の方法
13	資料の受入情報 Object Entry Information	46	現所有者
		47	寄託者
		48	受入日時
		49	受入番号
		50	受入方法・理由
14	資料名情報 Object Name Information	51	資料名
		52	資料名のタイプ
		53	資料名の命名者
15	資料番号情報 Object Number Information	54	資料番号
		55	資料番号のタイプ
		56	資料番号の記載日
16	資料製作情報 Object Production Information	57	製作地，製作場所
		58	製作日，制作時期
		59	作家名，製作団体
		60	制作者の役割
17	資料の表題情報 Object Title Information	61	表題，作品名
		62	表題のタイプ
		63	表題の翻訳名
18	構成要素情報 Part & Component Information	64	構成要素の数
		65	構成要素の記述
19	記録情報 Record Information	66	記録者
		67	記録の日時・時期
		68	典拠，出典，情報源

	情報グループ	No	情報カテゴリー
20	参照情報 Reference Information	69	参照
		70	参照のタイプ
21	複製権情報 Reproduction Rights Information	71	複製権に関する記述
		72	著作権者名
22	描写情報 Subject Depicted Information	73	主題
		74	主題の記述

3.3.3 資料目録の重要性

本節ではこれまで「目録」を中心に「博物館情報の編集と知的活動」について述べてきた。最後に，目録の重要性について述べ，まとめとしたい。

柴田敏隆らによってまとめられた『自然史博物館の収集活動』(日本博物館協会) は，約40年前の1973(昭和48)年に出版され，すでに絶版となっているが，当時の指摘は今日でも正鵠を射ているので，下記に引用する。

> 特定の分野でコレクションが一定の水準に達したと判断された時，あるいは重要な一括コレクションが収蔵された時には，目録を出版すべきである。印刷物は館に足を運ぶ機会に恵まれぬ人，短期展を見逃した人，資料のもつ情報を折にふれて利用したい人，あるいは後世の人にも利用できるからである。展示による紹介が物それ自身の存在感を伝える大事な紹介法であるとすれば，目録はむしろ資料のもつ情報を伝えるのに大事な紹介法である。したがって単なるリストでなく，資料のもつ情報を最大限読者に伝えられるように配慮されて作らなければならない。そのために詳しいデータ，適確な記載，および資料群か

らひきだされるまとまった科学的意義がのべられることがのぞましい。これが真の目録であって、目録は単なるリストではないのである[54]。

　目録を作成する作業は相当な時間と手間がかかるのだが、第三者評価に参加する外部識者にはほとんど理解されていない。それは、目録の社会的役割と重要性が認識されていないからであり、またその一方で、専門職も目録を十分に活用していないからであろう。また業務上目録作業は「やって当たり前」のはずであるが、十分な目録を有しない博物館が多いのには、前述したとおり、人手不足、時間不足、予算不足という原因もおおいに関係している（あるいは、資料のことは頭の中にあるという学芸員の思い込みも大きいのかもしれない）。

　文化的・歴史的資源である博物館資料や文化財は物理的に蓄積していても、これらの情報が活用できる形で蓄積されていないというのが日本の博物館である。資料や情報は成長していくものであるから、文化的資料に関する調査研究を奨励し、過去の歴史的遺産だけではなく、今日使用されている文化的価値のある資料も保存・記録しておくことは欠かせない仕事である。

　自分の所属する博物館や美術館で、資料の蓄積や情報の集積が進展しない場合、他の研究機関や地域の研究者と共同で資料と情報を整理し、目録作成を共同作業として行うことも考えられる。利用環境を整え、資料情報にアクセスできるようにしておくべきである。

　本シリーズ第2巻では記述項目について述べているが、一点一点記録をとり、共同体の財産である「目録」の形に仕上げることこそ、今日では求められている。それが、ネット社会で発信されていけば、

さらに資料研究が進むことは間違いない。

渡邉正亥が述べたように,「目録はその時代の文化を後世に伝えるための, 唯一無二の資料」[55] なのである。

引用参考文献・注

1：余嘉錫, 古勝隆一・嘉瀬達男・内山直樹訳注『目録学発微：中国文献分類法』(東洋文庫 837) 平凡社, 2013. 本節で引用したのはこの古勝隆一らの翻訳である。
2：Caspar Friedrich Neickel, *Museographia*, 1727.（注 15 参照）
3：棚橋源太郎『博物館学綱要』理想社, 1950.
4：鶴田総一郎「博物館学総論」日本博物館協会編『博物館学入門』理想社, 1956.
5：余, 前掲書.
6：同上, p.14.
7：同上, p.14.
8：同上, p.33.
9：同上, p.38.
10：同上, p.38.
11：同上, p.40.
12：同上, p.41.
13：同上, p.41 - 42.
14：同上, p.42.
15：*Museographia*（1727）は, Routledge/Thoemmes Press のシリーズ Museums and their Development, The European Tradition 1700 - 1900 の第 2 巻から復刻版として 1999 年に刊行されている。
16：正式な書名は次のとおりである。*Museographia, oder, Anleitung zum rechten Begriff und nützlicher Anlegung der Museorum, oder Raritäten-Kammern.*（ムゼオグラフィア, すなわち最良の理解のため, また博物館や珍品の部屋を設立するための有益な指針。博物館, 宝物館, 芸術と珍品の部屋を記述）。以下, 表紙には次のように文章が記載されている。「一般に, 上記のものは最近しばしば多くのヨーロッパの場所で見うけられる。後半部では, 昔日より世界的に有名な博物館に関して付録が加えられている。

第3部では図書館に関する一般報告書がある。図書館は，完全かつ素晴らしく設立された博物館の不可欠の部分である。第4部と最後の部分は，珍品の部屋あるいは一般的な博物館を取り扱う。好奇心（を満たす）ためニケリウス（C.F.Neikelius）によって大衆的な短報が頁順に揃えられ，記述された」。

17：例えば，1874年に出版されたフランスの *Grand Dictionnaire Universel* によると，Museograpie とは，「博物館に関する記述」とされ，博物館技術という意味合いはほとんどない。

18 C.F.Neikelius の *Museographia* については Peter van Mensch（1992）が，Towards a methodology of museology（PhD thesis, University of Zagreb）の論文の中で *Museographia* に言及している。

19：主として対象としている都市はヨーロッパであるが，遠くはバクダッド（p.250），メキシコ（p.310），日本（Miako, p.310 - 311.）などの記述もある。

20：詳しくは水嶋英治「Museographia（1727）に関する基礎研究（上）（中）（下）」『人間科学論究』（No.19, 20, 21）常磐大学大学院（2011, 2012, 2013）を参照のこと。

21：当時，珍奇物が今日的意味で使用する「標本」として認識されていたかどうかは不明である。

22：水嶋，前掲書資料によるD，p.4 - 5.

23：同上，資料D，p.6. C.F.Neikelius の意図する「配列」と「分類」の関係はリンネ以前の分類であり，配列と分類が未分化である。ここは単なる「配列」ではなく，「分類順配列」の話を述べている。

24：同上，資料B，p.4.

25：同上，資料B，p.7.

26：同上，資料D，p.6.

27：もちろん特別展では「展覧会カタログ」ということもあるが，「展覧会目録」も使用されていることを考えれば，博物館界でも「カタログ」と「目録」は同義語的に使用されている。

28：大槻真一郎『科学用語独日英語源辞典　ギリシャ語篇』同学社，1975.

29：旧MDA（英国の Museum Documentation Association）系の文献によると，目録には inventory という用語は使用されておらず，catalogue という用語が使用されている。資料登録の意味での register もしくは accession register という用語も使用されているが，フランス語圏では英語圏での catalog（ue）とは区別して用いていることに注意されたい。

3章　博物館情報の編集と知的活動

30：島本浣『美術カタログ論：記録・記憶・言説』三元社，2005，p.31.
31：島本の取り上げているカタログは「オークション・カタログ」であり，日本語では「売り立て目録」というように，ここでは「カタログ」も「目録」と同義に用いられている。しかし強調しておかなければならない点は，目録は「保存のための公式文書であり，継承者あるいは共同体の財産と権利を証明するものである」から本質的に売り立て目録とは異なる性質をもつ。わが国の博物館の目録化率は50%であることを考えれば（日本博物館協会編『博物館白書』平成11年度版）「保存のための公式文書」の整備は必須である。
32：ここで取り上げた棚橋源太郎の『博物館学綱要』は理想社より1950年に刊行されたが，絶版のため入手することはできないが，伊藤寿朗監修による『博物館基本文献集第13巻』（大空社，1991）に所収されているので読むことができる。鶴田総一郎の「博物館学入門」も上記の『博物館基本文献集　別巻』に再録されている。
33：棚橋源太郎「自序」および「例言」『博物館学綱要』理想社，1950，p. 2 - 3．
34：同上，p.124.
35：国際的にはCICOC（ICOM国際博物館会議の国際ドキュメンテーション委員会）の動きがあり，英国では旧MDA（英国ドキュメンテーション協会）がデータ標準やドキュメンテーション標準を作成していた。ただし，これらが世界各国において目録規則もしくは目録基準として利用できるかという点については注意が必要である。
36：鶴田総一郎「博物館学総論」日本博物館協会編『博物館学入門』理想社，1956，p.65.
37：伊藤寿朗監修『博物館基本文献集第21巻「観光資源要覧第四編　学芸員講習講義要綱（昭和27・28年度）」』大空社，1991.
38：アメリカでは，博物館の資料登録に関するマニュアルが整備されている。例えば，American Association of Museums, *The New Museum Registration Methods*, 1998. などは好例のテキストであろう。
39：もちろん，「物」自体に価値があることが前提である。「物」に関する記録情報の価値の両者がそろってはじめてその資料の価値を決めていることは言うまでもない。
40：わが国の高度経済成が長に伴い博物館建設ブームが到来し，博物館イコール展示という表面の顔づくりに勤しんだ結果，来館者には見えない裏方の業務，調査研究や目録作成という基本的な仕事が疎かになってしまった感

がある。
41：価値の多様化に伴い，博物館独自の価値論も展開されよう。例えば，現代美術館においては現代芸術作品の価値は文化財保護法に規定される価値とは異なるであろうし，科学産業博物館，技術史博物館などでは近年注目されている近代化遺産・産業遺産などの価値を重視するであろう。
42：作田啓一『価値の社会学』岩波書店，2001，p.71. を参照のこと。
43：美術史的な研究成果が歴史的価値を決めることもある。例えば，ある仏像に記録がない場合であっても，様式的に奈良時代のものと判断されることもある。
44：しかし，実際，文化財系の博物館の現場では，伝来や制作様式等が分かれば「物」に付随する記録がないとしても，博物館資料として受け入れられる場合もある。資料自体の価値と，それに付随する記録の価値の両方で価値が決まるが理想である。
45：文化遺産オンラインとは，文化庁が進めているインターネット上での文化財検索システムで，日本の博物館・美術館が参加して資料情報等を提供している。http://bunka.nii.ac.jp/Index.do
46：*La Muséologie selon Georges Henri Rivière*, Bordas, 1989, Paris, p.203.
47：例えば，文字で刻印された「石碑」や「句碑」，木簡，竹簡などもある。
48：神奈川大学21世紀COEプログラム「人類文化研究のための非文字資料の体系化」が2003年から開始され2008年3月に終了した。この研究成果がウェブ上で閲覧できる。これは「人類文化研究のための非文字資料の体系化」としてまとめられ，現在，これらの成果は神奈川大学日本常民文化研究所に付置された「非文字資料研究センター」として継続され，各種のデータベースが公開されている。非文字資料データベース（神奈川大学）http://www.himoji.jp/jp/database/ で公開されているデータベースは次の通りである。図像文献書誌情報データベース（BD），図像研究文献目録BD，「名所江戸百景」と江戸地震BD，海外神社（跡地）調査BD，関東大震災・地図と写真BD，神奈川大学COE只見町インターネット・エコミュージアム。
49：文字資料であっても草書体などの場合は，専門知識をもつ学芸員や研究者が必要であろう。
50：図書資料も文字資料の一種であり，目録を取るときには「それが何か」を，文字資料として記録する。ただし，古典籍などの場合を除いて，目録法のトレーニングは必要であるが，学術的な知識は必要とされない。

51：資料の用途別分類は自然界の資料に限ったわけではなく，歴史資料や美術作品も研究用，教育用，展示用など用途別に分類されることもある。
52：加藤昭「博物館資料の保存・分類目録（岩石・鉱物）」『博物館学［1］』国立社会教育研修所，1978，p.47.
53：柴田敏隆・太田正道・日浦勇編『自然史博物館の収集活動』日本博物館協会 1973，p.36.
54：同上，p.35.
55：「はしがき」渡邉正亥監修，林収正・高島涼子『資料目録法』東京書籍，1983.

4章

歴史的に見た博物館の目録

4.1 博物館の目録とは

　現代の博物館が取り扱う資料は，それぞれの館の性格と収集方針によって千差万別である。例えば西洋絵画を所蔵する美術館と植物標本を所蔵する自然史博物館とでは，コレクションの内容が重なることはほとんど考えられない。資料の性質が異なれば，その資料に関する記述もまた異なる，というのが常識である。

　図書館の扱う資料の多くが大きさを別にすれば一定の形態をもった書籍であり，大方の場合形態に関する記述方法が定型化しているのに対して，博物館資料はその分野と歴史の多様性のために，記述方法の定型化がきわめて困難である。より正確にいうならば，記述の項目を揃えることはある程度可能であるが，項目に書かれるべき内容を多くの博物館同士で相互に運用・共有することが難しいというべきかもしれない。コンピュータ・ネットワークの発達以降，図書館の目録が巨大な情報共有装置として急速な発展を遂げたのに対して，博物館の目録で同様なことがなかなか進まないゆえんである。

　何を述べれば博物館資料に対して規範的な記述となるのかという課題は，存外難しい。関連する研究，提案はそれなりに多いが，正

4章　歴史的に見た博物館の目録

直なところ博物館の現場でしっくりとくる策が見いだされたという実感はまだなく，筆者も考え始めて10年以上経つが，まだ納得のできる答えは得られていない[1]。いっそ規範的記述などないのだ，と放り投げてしまうのも一法ではあるが，それはいささかもったいない。

　小論では，日本近代初期以降の博物館を素材としながら目録の歴史をたどり，この課題について考える一つのきっかけとしてみたい。博物館の歴史を再説するまでもなく，そもそも近代の博物館はあらゆる分野の物品や資料を収集するところから始まっている。植物であろうが，動物であろうが，器械であろうが，考古遺物であろうが，初めは一つ屋根の下で保管，公開されていたのである。成立期の博物館員たちは，多様な（雑多なというべきか）資料にそれぞれ名前を付け，特定できるような情報を記録し，一元的に管理することに意を用いていたにちがいない。現在では想像しづらいところであるが，いったん，そのような歴史的状況下での博物館資料の管理を思い浮かべてみよう。その成果として社会に公にされたのが所蔵品の目録である。先達の努力の跡をまずは追いながら，手がかりを探ってみたい。

　以下，引用した所蔵品目録類（列品目録も含む）の多くは，参照の便宜を考慮して国立国会図書館（NDL）デジタルコレクションで閲覧可能なものを選択した[2]。図版はすべてNDL所蔵本の転載である。原資料については，NDL所蔵の他，東京国立博物館資料館に大半を所蔵している。

4.2 日本の博物館の草創期及び帝室博物館以降の目録

4.2.1 明治前期博物館の目録

　博物館が所蔵品の目録をもたなければならないという認識は，明治初年に博物館建設が構想された時点で関係者の間では共有されていたと思われる。それは範とした欧米の博物館が目録の公刊を盛んに行っていたことから推測される。

　何よりの証拠として，東京国立博物館（以下，原則として東博と略記する）には，当時欧米各国の博物館が刊行した目録類が相当の数，現在まで伝わっている。東博のウェブサイトで公開されている東博資料館の蔵書目録（OPAC）（http://webopac.tnm.jp）を検索していただければわかることだが，特に初期の博物館が範とした英国サウス・ケンジントン博物館や大英博物館のものが多い。例えばサウス・ケンジントン博物館の目録類で，1870年代までに刊行された例に限っても50点以上を所蔵している。その中には *List of objects in the Art Division, South Kensington Museum : arranged according to the dates of acquisition*, 1868.[3] のような受入順の目録もあれば，*Classified and descriptive catalogue of the art objects of Spanish production in the South Kensington Museum*, 1872.[4] のように特定分野を限ってディスクリプション（記述）を入れた目録もあり，日本における博物館創設の時点で，欧米における資料目録の各種のスタイルが認知されていたと考えてさしつかえない。

　したがって，博物館が展示の一般公開を始め，国内各地の博覧会や地方博物館に貸出を行うようになった1875（明治8）年以降の内

4章 歴史的に見た博物館の目録

務省博物館の時期から目録の編纂は日程に上っていたものと考えられる。一時博物館の所管となっていた書籍類については先行して『博物館書目』3冊と『博物館書目解題略』5冊が刊行されていたが、その他の所蔵品に関する情報整理の成果はちょうど内務省から農商務省に移管される時期に『博物館列品目録』として刊行の運びとなった。

『博物館列品目録』は、1880年から1882年にかけて刊行されており、全部で7冊と推定される（表4-1）。この時期の列品分類には、他に「第二　農業山林部」と「第七　教育部」があるが、これらについては農商務省時代までの目録刊行は確認できない。記述は簡略であるが、分類、番号、名称と員数の他、寄贈者が必ず明示されている。それ以外は備考欄ともいうべき一項目の中に、品質形状、作者、制作地、伝来、用途などが混在して記されており、項目が未分化な状態である（図4-1）。

表4-1　明治10年代の『博物館列品目録』

名　　称	刊行年月
博物館列品目録 天産部一	1880.03
博物館列品目録 天産部二	1880.03
博物館列品目録 天産部三, 四	1880.06
博物館列品目録 史伝部・軍事部	1880.12
博物館列品目録 工芸部一	1882.04
博物館列品目録 工芸部二	1882.06
博物館列品目録 芸術部	1882.12

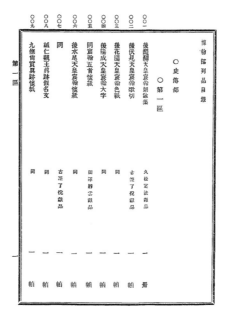

図4-1 『博物館列品目録』(1880)

4.2.2　帝国博物館の目録刊行

　1886(明治19)年に博物館が農商務省から宮内省に移管されてからまもなく表4-2に示すように天産部及び工芸部関係の列品目録が8冊刊行されている。新たに構想されたというよりは，前時代に刊行できなかったものの補充のようにも考えられる。事実，工芸部の目録の記載方法などは『博物館列品目録』とほとんど変わっていない。

4章 歴史的に見た博物館の目録

表4-2 帝国博物館期の所蔵品目録

名　　称	刊行年月
帝国博物館天産部農業区列品目録	1891.06
帝国博物館天産部植物標本目録	1891.06
帝国博物館天産部動物標本目録	1891.06
帝国博物館天産部金石岩石及化石標本目録	1891.07
帝国博物館天産部動物標本目録 比較骨骼標本ノ部	1894.09
帝国博物館本邦産鉱物及岩石目録	1896.07
帝国博物館工芸部列品目録	1897.10
帝国博物館天産部魚類標本目録 参考室陳列之部	1897.12

　この時期の目録について注意しなければならないのは，目録の記載が多くの場合，展示場所を示す情報でもあった点である。ある時点まで，博物館の展示は巨大あるいは脆弱で展示できない資料を除くと，常時公開されていることが期待されていた。『博物館列品目録』において分類を示す「区」という用語は，すでに博覧会での展示品を分類する際に使われているが，論理的な分類を示す同時に，展示空間をも特定していたのである。

　『帝国博物館天産部動物標本目録』（図4-2）の凡例で編纂者は目録の意義を次のように述べている（原文は漢字カタカナ交じり文。句読点，濁点を付した。以下，引用文は同様）。

　　目録編纂の主意は単に現場の品種を登記するに止まらず，有志の縦覧者をして実物と対照する便を得せしめんとするに在れば，其順序は動物綱目の順次に従ふと同時に，箱（函）の番号に由て之を区分せり。

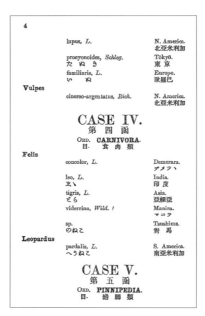

図4-2 『帝国博物館天産部動物標本目録』(1891)

　事実，この目録は「CASE Ⅰ 第一函」から始まっており，現代の博物館と比べて目録と「函」すなわち展示ケースとがきわめて密接な関係にあったことがよくわかる。無論，材質やコレクションの数によって，すべての資料が常時並んでいる状態はほとんどあり得ないのではあるが，少なくとも目録における分類と記載の配列から，展示室における当該資料の存在が導かれることが想定されていたといってよいであろう。

　明治後期の『東京帝室博物館美術工芸部列品目録 写真部・図書部・印信部』の凡例にあっても，

4章　歴史的に見た博物館の目録

　目録に掲載する所にして現場に陳列しあらざるもの間々これあるは場地狭隘にして一斉に陳列しがたきがため時々交換陳列するによれり。

とわざわざことわっているのは，博物館の所蔵品は同時に展示品であることが常識であったからに他ならない。

■**台帳記載方針**　　帝国博物館では，1891年8月に列品基本台帳の記載方法を館内に指示している[5]。

　一　本目録用紙は各部に通じて之を用ひ，壱冊を以て一部に充て冊中更に物品の類に従て部分を立つ。但夫の天産部の若き品数夥多にして之を壱冊となすに便ならざるは動物種物農業鉱物等分つて，各壱冊となすことを得。
　一　当部番号の欄には各部立る所の台帳番号を上ぐ。他日或は番号を改むれば，其次第を沿革の欄に記す。
　一　品名の欄には物品の名称を上ぐ。各部の台帳更に漢名又は洋名を掲ぐるものは此に於ても亦之を上ぐ。
　一　画幅彫刻刀剣鎧兜の類，作者の名を重ずるものは品名の上某筆又は某作と記するを要す。陶磁器の類は品名の上其製出の地を掲ぐべし。
　一　物状摘要の欄には品物の実質形状大小長短彩色模様等を記す。要同異を弁じ疑似を分つに在り。其特に写真を備ふるものは写真第何号と記し，写真なきものは写真なしと記す。
　一　員数の欄には物品の員数を記す。其数字一二十等は壱弐拾等の字を用ひ，且品物の類に従て個，幅，組，帖等の字を数字

137

に連署すべし。
一　凡物品の点数を計ふる数箇を合して具足すべきものは，其壱組を以て壱点となす。若し欠失あるものは員数の下何々欠くと記すべし。
一　価格には物品の価格を上ぐ。買上品は買上代価を記し，献品寄贈品採集品は当該部所属吏員三名以上の評価により部長見込を附して総長に呈し，其決裁によりて定まるものを上ぐ。
一　価格に用ゆる数字亦一二十等の字に代ゆるに壱弐拾等を以てすべし。
一　解説の欄には来歴年代其他物品に関する考証伝説を記す。其文字冗長にして欄中に収め難きは略して其要を摘記すべし。
一　沿革の欄は初めに買上，献納，寄贈，採集等其所由と之に関する人名又は月日を記し，爾後物品に事ある毎に其次第を記すべし。

現代の眼から見ても，次のような点で博物館資料の特質を考慮した，簡にして要を得た指示といえる。
①管理番号の変更履歴の記録
②制作が個人に帰属する場合と陶磁器のように匿名性の高い場合の記述の区別
③写真情報との連携
④助数詞の記載
⑤一括資料の記載方法
⑥沿革の明示
この指示に基づく調査作業によってまとめられた情報をもとに制作されたのが，帝室移管後の1900年から1908年にかけて『東京帝

室博物館○○部列品（標本）目録』と題して刊行された一連の目録である。確認できる刊行状況は表4-3のとおりで，全分野には及んでいないものと推測される。

表4-3　明治後期の帝室博物館目録

名　　称	刊行年月
東京帝室博物館天産部海産貝類標本目録 第1編 （頭足類，翼足類及櫛鰓類）	1900.12
東京帝室博物館和漢書分類目録	1902.05
東京帝室博物館天産部海産貝類標本目録 第2編 （従楯鰓類至弁鰓類）	1905.10
帝室博物館美術工芸部列品目録 金属部	1906.05
東京帝室博物館美術部列品目録 拓本部	1908.03
東京帝室博物館美術工芸部列品目録 写真部・図書部・印信部	1908.03
東京帝室博物館天産部陳列品目録 鉱物ノ部	1908.11
東京帝室博物館天産部日本産貝類標本目録 第1編 （海産腹足類及掘足類）	1909.06

　この一連の列品目録の特徴は各項目の記述が格段に詳細になっていることである。記述は寸法，品質形状，銘文などに加えて，展覧会への出品などの伝来や作者の伝記にまで及ぶものもあり，今日でも有用な情報といえる。記述が詳しくなったのは，1891年の台帳記載方針に基づいた資料の調査の深化を反映しているものと見るべきであろう（図4-3）。

　その一方である意味当然ではあるが，分野による項目記述の精粗が生じてきている。もう一点，博物館コレクションの総合性という点から興味深い点を指摘しておく。『東京帝室博物館天産部海産貝類標本目録』は貝類研究の草分けであった岩川友太郎（1854-1933）の編集になる西欧的な生物学研究のルールに則った目録だが，凡例

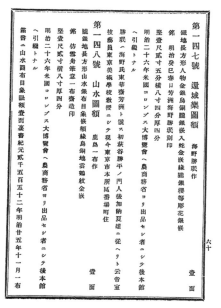

図4-3 『帝室博物館美術工芸部列品目録 金属部』(1906)

で和名の付与について次のように述べられている。

> 和名は学術に用少きも研究者には便利あるを以て一々之を附することとせり。本邦には往古貝合といへる遊戯あり，降りて後世には唯好奇心より広く貝類を蒐めて娯楽となすの風習ありしが為に命名せられたる品種甚だ多く，随て古人の著に成れる貝譜類も亦少しとせず。目八譜の如きは大部にして殊に有名の書なり。故に成るべく既定の名称を襲用するを務め，濫に新名を附することを避けたり。

4章 歴史的に見た博物館の目録

　岩川はこのような方針を示した上で，和名の典拠を『目八譜』『貝尽浦の錦』など江戸の図譜類に拠って本文に掲げる。この事実は，ラテン語の学名を付ける一方で古典籍をひもといて古名を探ることができる環境が当時の博物館にあったことを物語っている。現在の資料の分け方に慣れた私たちとしては，当時の博物館のコレクションの状態と利用のされ方について頭を柔軟にしておく必要があろう。

4.2.3　奈良及び京都帝室博物館の目録

　奈良・京都に帝国博物館が設置されたのは奈良が1895(明治28)年，京都が1897年で，1900年の帝室移管とともに，それぞれ奈良帝室博物館，京都帝室博物館と名を改めた。

　奈良帝室博物館が初めて目録を刊行したのは1902年のことであるが，この『奈良帝室博物館列品第一回目録』の凡例を見ると，東京とは異なった奈良の事情が見えてくる。

　まず列品の概念について「本館列品は館品，国宝出陳，社寺寄託品，官衙及個人出品とす」と定めており，列品が館蔵品だけでなく寄託品を含んでいたことが明らかである。これはやはり目録記載の対象が「陳列品」であったことを示している。それは次の記載からも知られる。

　　　第一期の目録は印刷に付するに至らずして其期を経過せしを以て第二期即明治三十三年七月の目録を第一回となす。

　開館直後の展示内容は目録刊行に至らず，第二期の展示目録が第一回となったというのである。実は同じ年に刊行された『京都帝室

博物館第一回列品目録』の凡例にもほぼ同じ文言が記されており，基本的に創建当初の奈良・京都の博物館の「列品」がおおよそ展示空間に収まる範囲の数であったことがうかがえる。前時代からの大量の遺産を引き継いだ東京と異なって，コレクションをほとんどもたずに新設された奈良・京都は館蔵品に限れば情報管理は比較的楽であった。この後，両館では『絵画一覧』『彫刻一覧』といった目録が刊行されるが，いずれも掲載されているのはほとんどが寺院・神社からの寄託品であり，むしろそれぞれの地域における文化財情報の把握が現代に至る両館の継続的な課題となるのである。

4.2.4　大正期の東京帝室博物館の目録

　一方，創設以来運営方針が大きく変わり，所蔵品の移管や分類変更が少なくなかった東京帝室博物館において，所蔵品の情報の系統的な把握は課題として認識されていたが，目録の刊行状況からもわかるように全所蔵品にわたる統一的な台帳整備は困難であった。『東京国立博物館百年史』の叙述を引こう。

> 各部の台帳の様式等もなかなか一定せず，やはり本格的な総長官房の主事保管の列品総台帳の整備を急ぐべきであるということから，明治四十一年に至って総台帳の様式を定めこれを製本とし，会計課に従来からある保管証によってこの台帳の作成にかかり，保管証の設けられる以前のもの等については各部の台帳等を参考として総台帳の作成にかかったのである。この作業は熱心につづけられたが，旧来の列品については容易に整理が進まず，大正五年には各課（中略）備付けの台帳をもって台帳正本とするという臨時的取りきめがあったりしたが，大正七年

に至り更に列品台帳規程を作成する等鋭意台帳の整備をつづけ,大正十一年五月ようやく中央列品台帳が完成するに至った。[6]

このような列品台帳の整備と並行して,分野別の列品目録刊行が精力的に行われていた。大正時代半ばの数年間が,第二次大戦前で最も多数かつ広い分野の目録が刊行された時期である(表4-4)。最初の刊行は1916(大正5)年の絵画彫刻編であるが,刊行のピークはちょうど森林太郎(鷗外)総長の在任期間である1919年から1922年にあたり,その後関東大震災を挟んで,昭和初期に落ち穂拾いのように2冊が刊行されている。出版事業にはそれなりの予算の裏づけが必要であるから,総長鷗外が展示の改革や学術的な研究成果の公刊と並んで,列品台帳整備の成果である目録の公刊を優先的な事業と判断していたことがうかがえる。

注意されるのは同時期に刊行された目録でも分野によって,情報の内容と量に差が生じていることである。図4-4に1916年の『絵画彫刻』を,図4-5に1919年の『歴史部第四区』のそれぞれ1頁の例を示したが,この二つを比べただけでもかなり印象が異なる。

4.2.5 列品区分の変更と第二次大戦後の目録刊行

1937(昭和12)年に至って,列品の区分が大きく変更された。すなわちそれまでの歴史課・美術課が廃止され,所蔵品を一括して管理する列品課が設置された。その上で列品の区分は絵画・書跡・彫刻・金工・陶磁・漆工・染織・考古とされ,これに属さないものは列品から除き,「資料」として別に管理されるようになった。この区分が基本的に現在に至る東博の所蔵品分類となっている。

表4-4 大正～昭和初期の東京帝室博物館列品目録

名　　　称	刊行年月
東京帝室博物館美術課列品絵画彫刻目録	1916.12
東京帝室博物館美術工芸部第一区金属品目録	1918.11
東京帝室博物館美術工芸部第二区焼成品目録	1919.12
東京帝室博物館美術課列品写真目録	1919.12
東京帝室博物館歴史部第四区祭祀宗教に関する遺物目録	1919.12
東京帝室博物館美術課列品書蹟目録	1919.12
東京帝室博物館美術工芸部第三区髹漆品目録	1920.11
東京帝室博物美術工芸部第四区染織品目録	1920.11
東京帝室博物館美術課列品絵画彫刻目録	1920.11
東京帝室博物館美術工芸部第五区玉石品	1920.12
東京帝室博物館美術工芸部第八区紙革品第九区印鈕篆鏞目録	1920.12
東京帝室博物館美術工芸部第十区版画刻版目録	1920.12
東京帝室博物館歴史部第十一区列品（琉球及西南諸島風俗品）目録	1920.12
東京帝室博物館歴史部第十一区列品（台湾漢人風俗品）目録	1920.12
東京帝室博物館歴史部第五区武器目録	1920.12
東京帝室博物館歴史部第二区列品石製品目録	1920.12
東京帝室博物館歴史部第二区列品埴輪目録	1920.12
東京帝室博物館天産部列品案内目録 脊椎動物之部	1920
東京帝室博物館美術課列品建築目録	1921.5
東京帝室博物館美術工芸部第六区甲角品第七区木竹品目録	1921.6
東京帝室博物館歴史部第二区列品鏡目録	1921.11
東京帝室博物館歴史部第一区列品金石文目録	1921.11
東京帝室博物館歴史部第十一区列品（蝦夷風俗品）目録	1921.12
東京帝室博物館歴史部第十二区列品南洋風俗品目録	1921.12
東京帝室博物館歴史部第九区列品（度量衡）目録	1921.12
東京帝室博物館歴史部第二区列品馬具目録	1921.12
東京帝室博物館歴史部第十一区列品（台湾蕃人風俗品）目録：付 台湾漢人風俗品目録追加	1922.12
東京帝室博物館歴史部第二区列品玉類目録	1926.12
東京帝室博物館歴史部第八区列品楽器類目録	1927.12

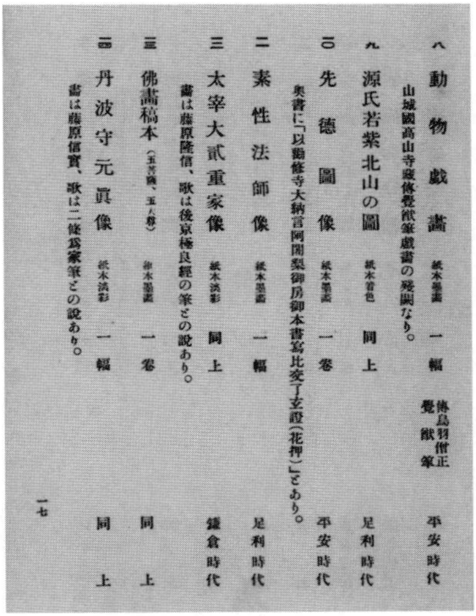

八 動物戯畫 紙本墨畫 一幅 傳鳥羽僧正覺猷筆 平安時代
山城國高山寺藏傳覺猷筆戯畫の殘闕なり。
九 源氏若紫北山の圖 紙本着色 同上 足利時代
一〇 先徳圖像 紙本墨畫 一卷 平安時代
奥書に「以勧修寺大納言阿闍梨御房御本書寫比交了玄證(花押)」とあり。
一一 素性法師像 紙本墨畫 一幅 足利時代
一二 太宰大貳重家像 紙本淡彩 同上 鎌倉時代
畫は藤原隆信、歌は後京極良經の筆との說あり。
一三 佛畫稿本（五菩薩、五大尊） 紙本墨畫 一卷 同上
一四 丹波守元眞像 紙本淡彩 一幅 同上
畫は藤原信實、歌は二條爲家筆との說あり。
一七

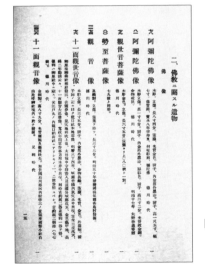

図4-4　『東京帝室博物館美術課列品絵画彫刻目録』（1916）

二、佛教ニ關スル遺物
佛像
七六 阿彌陀佛像 一 木彫。立像。長八寸四分。蓮臺、光背金色。厨子、内金箔外黒漆。厨子、高一尺五寸、幅七寸。像背銘、寛永八年辛未卯月、胡庵彫刻、彌陀佛 徳川時代
八一 阿彌陀佛像 一 木彫立像。長一寸七分。厨子、内金箔外黒漆、扉彩色。厨子、高三寸二分。光背鍍金銅。金物破損。 徳川時代 明治十七年 矢野啓通寄贈
七九 觀世音菩薩像 一 木彫金色。立像。長六寸五分（蓮臺ヨリ上）八〇號ト一對。 徳川時代
八〇 勢至菩薩像 一 七九號ト同形。
二一四 觀音像 一 眞鍮製。立像。蓮葉ヲ持ツ、長三寸三分。明治三十年播磨國揖保郡香島村發掘。 徳川時代
七七 十一面觀世音像 一 木彫立像。長三寸五分。厨子、内金箔外黒漆、金物眞鍮。蓮臺、光背、金色。外箱桐。厨子扉ノ記ニ曰ク龍口社本地尊像、明暦三丁酉年、城廓竹橋内泉穴土中出現、享保三戊戌天、鄕原是柳森社相殿勧請、依爲夢也、泉穴地所吹上也、太田備中守持資入道道灌公城廓戊亥、金色龜甲地、長祿二年勧請云々、十一面觀音大悲尊像、寛政年間當作事方用水井中出現、同時古鈞瓶二器並錫杓一器ヲ得、錫杓ハ柳原社中ニ藏ス。元江戸丸ノ内龍口稲荷社ニアリシモノ。一、二號參照スベシ。古鈞瓶二個藤（七七號）。 徳川時代
一四〇六 十一面觀音像 一 金銅製。高八寸九分、光背兩腕及臺座缺失。加賀國石川郡河内村字三ノ宮舊縣社白山比咩神社境内ニ於テ發掘。 足利時代
一五

図4-5　『東京帝室博物館歴史部第四区祭祀宗教に関する遺物目録』（1919）

この時の列品区分の変更によって新たに所蔵品台帳が調製された。現在東博で『美術品台帳』と呼んでいるものである。台帳の編纂作業が短期間で行われたためであろう、所蔵品のそれまでの伝来に関する情報が十分に引き継がれないという問題が生じた。特に所蔵品番号が変更されたにもかかわらず、変更前後の関係を検索できるツール類が整備されなかったため、現在に至るまで所蔵品の伝来の精査にはかなりの手間を必要とするようになり、館史研究上、大きな課題となっている。

　その後、戦時下の博物館に新たな目録を編纂する余力はなく、新たな分類体系に従った目録刊行は大戦後に持ち越されることとなった。

　戦後の所蔵品目録は表4-5のとおりで1972年にアジア美術を専管する東洋課が設けられたことによる再度の分類変更を反映して、一度改訂が行われている。この一連の目録は、列品番号、名称、員数、寸法の他は寄贈者などの伝来などの一部の情報を注記するのみで、全体として情報量は大正の目録よりも少ない。比較的コンパクトに所蔵品の全体像をつかむことができるが、先述したとおり、1937年以前の分類・番号との連絡がつかない点に大きな問題がある。

　戦後の目録刊行における大きな特色の一つは図版目録の出現である。東京国立博物館の収蔵品を掲載した図版目録は1960年に『浮世絵版画篇・上巻』が刊行されたのを皮切りに、さまざまな分野についてほぼ毎年1冊のペースで刊行が続いている。初期の図版目録には、列品番号が記載されていないなどという今日ではありえない欠陥もあるが、おおむね列品番号、名称、員数、寸法、時代年代といった基本情報と資料の姿形のわかる図版を掲載し、館内外での特

4章　歴史的に見た博物館の目録

表4-5　第二次大戦後の東京国立博物館所蔵品目録

名　　　　称	刊行年月
東京国立博物館収蔵品目録 絵画書跡彫刻建築	1952.12
東京国立博物館収蔵品目録 金工・刀剣・陶磁・漆工・染織	1954.03
東京国立博物館収蔵品目録 考古・土俗・法隆寺献納宝物	1956.03
東京国立博物館蔵書目録 和書2	1957.03
東京国立博物館収蔵品目録 絵画・書跡・彫刻・建築	1976.03
東京国立博物館収蔵品目録 東洋美術・東洋考古・法隆寺献納宝物	1977.03
東京国立博物館収蔵品目録 金工・刀剣・陶磁器・染織・漆工	1978.03
東京国立博物館収蔵品目録 先史・原史・有史	1979.03
東京国立博物館蔵書目録 和書1	1998.03

に学術研究と博物館業務における利用に供している。目録の編集は手間のかかる仕事であり，人的，経費的な制約からこれの制作・公開のペースは限られるが，館の学芸業務としては柱となる仕事の一つとして位置づけられている。最近では科学研究費のいわゆる「データベース科研」での成果を共用（利用）することが可能であり，紙媒体とデジタル情報の両面の公開を視野に入れている。

　この他，『目録』と銘打たない刊行物でも，実質上分野別の所蔵品目録の役割を果たしているものが若干ある。『東京国立博物館所蔵 板碑集成』（2004），『東京国立博物館所蔵 骨角器集成』（2009，2013）などがこれに当たる。

4.3 帝室博物館以外の博物館の目録

明治以降の日本国内には,それほど数は多くはないが特色ある博物館が活動していた。いずれの館もそれぞれの立場で資料の収集と展示を行っており,コレクションの内容は目録の形で公開されている。以下,館別に現存する目録の体裁や内容を概観しよう。

4.3.1 遊就館

靖国神社附属の軍事博物館である遊就館は,1882(明治15)年に展示公開を始めており,上野博物館に次ぐ古い歴史をもつ。列品目録もさっそく翌1883年には刊行されており,当時目録の公開が博物館の責務であることが館を問わず認識されていたと考えられる。

この時の目録の体裁は図4-6のようなものだが,番号・名称・員数・制作時期の他に,受入の沿革を比較的詳しく記載している。同館所蔵の油画「甲冑図」が高橋由一の作であることを明記するなど,今日においては資料の伝来を研究する上で貴重な情報である。

4.3.2 神宮農業館

農業館は1891(明治24)年に神宮(伊勢神宮)が創設した博物館[7]で,「農作,種樹,漁猟,牧蓄,養蟲,類の産物幷製品及器具各類の標本模形等を蒐集陳列し,傍ら図書統計表其他農書を収蔵して農家の観覧に資す。是乃百聞一見に若かざるの捷利を得せしめ本邦殖産興業上に大なる稗益を与へ益々皇祖大神の恩沢を尊崇せしめん事」を期して,展示をはじめとする活動を行っていた。設立に当たっては明治前期の博物館設立に尽力した田中芳男(1838-1916)

4章　歴史的に見た博物館の目録

番號	名　稱	領並書畫圖類
第四十七	小金原狩場圖	明治十六年三月卅一日　今村長賀出品
第四十八	本朝往古沿革圖	中川高美出品　明治十六年四月八日
第四十九	手綱染樣考	
第一	大阪臨時病院圖（圖敷製作年月附言）	明治十一年明治十年三月卅一日　十一月五日四條隆謌等病者ヲ弔慰ス圖北畧ニ白黒忠惠聚供 聖上及木戸孝允
第二	夜戰油繪	鹿児島城山ノ圖題　赤納紋鞠藩　明治十九月十四日午前第四時遊見弘城山東北ノ大麒ヲ拔ク
第三	難船油繪	同、明治十年九月廿四日　味爽激戰ノ圖
第四	戰爭油繪	有栖川熾仁親王家蔵　陸軍中將山田顯義撰文幷書　味爽激戰ノ圖
第五	大村氏神道碑銘摺	
第六	甲冑圖油繪	一年十月　書工高橋由一　明治十二奉納人内藤耻叟　安田善次郎

図4-6　『遊就館列品目録』（1883）

が運営母体である神苑会の幹事として招かれており，1900年に刊行された『農業館列品目録』も田中が編者である。

この時期，運営方針が美術中心となったために帝国博物館と疎遠になった田中にとって，農業館ではあまり制約なく調査と編集に取り組めたものと見え，記述的な目録として優れている。系統的な分類を行った上に簡潔な説明を付するスタイルは，同じ神宮の編纂になる百科事典『古事類苑』に通じるものを感じさせる（図4-7）。

また，興味深いのは本目録の「凡例」が「本館に掲ぐる所の主趣は巻首に載する全図の上に記し，尚其次に本館の平面図を掲げ其上下に列品分類を群載し各符号を以て互に対照し陳列の位置を知らし

農商務省農業館列品目録　第二十　農具類

第二十　農具類

此類ヲ分チテ耕耘具、收穫具、製造運搬其他用具、洋式器具ノ四小類トス而シテ田圃ヲ耕作スルニ用ウル具ハ耕耘具ニ収メ農產物ヲ収穫スル具ハ收穫具ニ収ム又農產物ヲ収穫スル後之ヲ製造シ貯藏シ運搬スルヨリ百般ノ需用具ハ皆之ヲ製造運搬其他用具ノ中ニ収ム此ノ外製茶、養蠶、漆、蜜蜂、山林、甘藷、大根等ニ關スル器具ハ各類ニ編入シ此ノ類ニ省クハ速カニ參看ノ便ヲ得セシメトスルニアリ又洋式ニ擬製シタルモノハ其用ノ何タルヲ論セズ總テ洋器具ノ中ニ収ム

㊀耕耘具

鍬		宇治山田町製	貫	一挺 四七〇
同		第三內博出品 備前御野郡福濱村 剛武鉄五郎製	貫	一挺 三〇〇
平鍬		第三內博出品 下野那須郡大田原村 三溝治郎吉製	貫	一挺 六九六
同		第三內博出品 伯耆汗入郡逢坂村 松井富三郎製	貫	一挺 三三五
同		第三內博出品 伊豫東宇和郡上和村 杉山榮藏製	貫	一挺 三〇〇
同	越中鍬及先	第三內博出品 薩摩薩摩郡隈之城 山下仲次郎製	貫	二挺 一、二〇〇
平鍬		第三內博出品 磐城行方郡飯曾村 志賀權次製	貫	一挺 一、二九六
同		第三內博出品 盛岡市 常川嘉右衛門製	貫	二挺 七〇〇
同		第三內博出品 大隅東囎唹郡財部村 野崎甚吾製	貫	一挺 七〇〇
畑鍬		第三內博出品 堺市 梅鉢安太郎製	貫	一挺 六五〇
鍬		第三內博出品 肥後阿蘇郡北小國村 田代義信製	貫	一挺 九五〇

四六一

図４-７　『農業館列品目録』（1900）

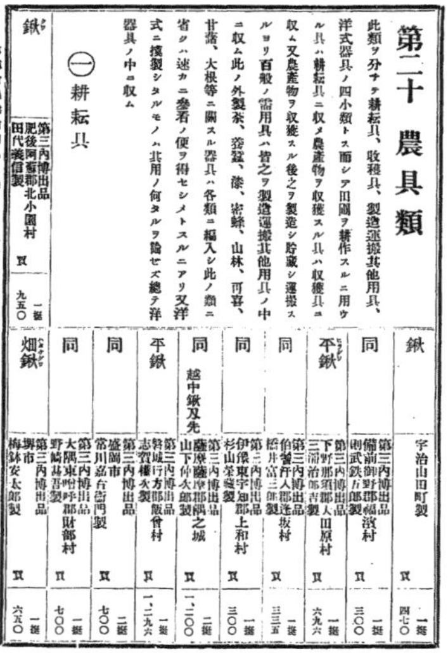

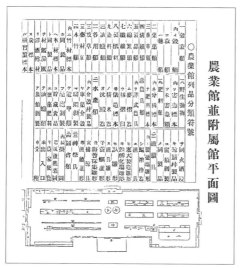

図4-8　『農業館列品目録』農業館並附属館平面図（部分）

む」と述べて，展示場の平面図を掲載しているところで，ここでも目録を展示空間への手引きとする目論見がうかがわれるのである（図4-8）。

4.3.3 逓信博物館

逓信博物館は，郵便事業の用品改良に資するために収集された参考品の保管場所に始まり，1902(明治35)年に万国郵便連合加盟25周年を記念して設立された郵便博物館を前身とする。1910年に電気や海運を含む通信事業全体をカバーする「逓信博物館」となった。逓信博物館のコレクションの基礎を築いたのが樋畑正太郎（号は雪湖）で，今日残る草創期の逓信博物館資料で彼の眼を経ていないものはないといってもよい。

逓信博物館の所蔵品目録としては1917(大正6)年の『陳列品目録』がある。これもまた先述の帝国博物館や農業博物館の目録と同様に，展示の状況を目録として再現したもので，特定の展示テーマをもった「第×室」⇒ 個別のトピックに関する資料を展示する展示ケース「第×函」⇒ 資料名という記載の構造になっている（図4-9）。原品を見られるという前提だからであろうか，資料の記述は名称，員数と必要に応じて簡単な説明が付されているだけである。

4.3.4 大倉集古館

大倉集古館は，実業家大倉喜八郎（鶴彦）が自らのコレクションを公開するために1917(大正6)年に創設した日本国内における私立博物館のさきがけで，企業人による公益事業としても草分け的存在である。

図4-9 『逓信博物館陳列品目録』(1917)

　同館の『陳列品目録』は開館直後の1918年に刊行されているが，同館は関東大震災で所蔵品の多くを焼失しており，この時の目録が往時のコレクションをしのぶよすがの一つとなっている。およそ分野別の分類であるが大分類は「一，二……」と数字のみで，『陳列品目録』の表題から見て実際の展示を反映しているように思われるが，詳細はわからない。同館は帝室博物館に勤務した今泉雄作が初代の館長であり，目録記載スタイルも，品質形状を詳述する点などに帝室博物館の目録の影響が強いように思われる（図4-10）。

4章　歴史的に見た博物館の目録

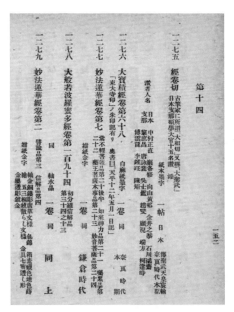

図4-10　『大倉集古館陳列品目録』（1918）

4.4　考察

　明治初期以来の政府が設立した博物館と民間の博物館の目録とを簡単に検討してみた。大きく流れを整理してみると草創期の記述内容が未分化な目録から，必要な項目を設定して系統的な記述を行う目録に移行していく傾向が見てとれる。帝室（帝国）博物館では，全体の列品台帳を整備する中で全所蔵品の目録の公開が図られるが，分類体系の変更が行われたために，ある意味でその意図は無効となり，第二次大戦後に引き継がれることのないままになってい

る，といえる。

　民間の博物館の目録は事例が少ないので比較はしづらいが，例えば，農業館の目録には展示空間に照応させるとともに，項目立ての形で必要な情報を網羅しようとする意図を見ることができる。また大倉集古館の目録には，帝室博物館の目録記述がある程度反映していることがうかがわれる。

　別稿でもふれたところだが[8]，第二次大戦後，現在に至るまでコレクションの全体像を示そうという仕事は，公立私立を問わず，博物館の主要な業務として十分に位置づけられておらず，戦前の成果からも断絶があるように思われる。その点で所蔵品目録の歴史的な実態をふりかえることは，戦後を含めてなお詳細な検討が必要であろう。小論では，ごく一部の素描を試みたに過ぎない。各方面からのご教示，ご批正を期待する。

引用参考文献・注

1：田良島 哲「古文化財の情報記述に関する問題点と展望」『アート・ドキュメンテーション研究フォーラム報告書』2，2000，p.62-69.；田良島 哲「文化財情報の記述項目：現状の分析と系統化の課題」『情報知識学会誌』vol.13-1，2003，p.23-32.

2：国立国会図書館デジタルコレクション　http://dl.ndl.go.jp/

3：東京国立博物館図書 106-729

4：東京国立博物館図書 106-706

5：『東京国立博物館百年史』1972，p.269.

6：『東京国立博物館百年史』1972，p.323-324.

7：現在の神宮農業館の所在地は伊勢市神田久志本町。

8：田良島 哲「デジタル時代における博物館コレクションの表現：歴史的な視角から」楊暁捷・小松和彦・荒木浩編『デジタル人文学のすすめ』勉誠出版，2013.

5章

博物館活動の記録化について

5.1 はじめに —— 資料保管機関としての博物館

　博物館（以下，特に断らない限り美術館等もこれに含める）は，一般には常設展・企画展をはじめとする展示施設としての機能，ひいてはワークショップや各種の講演会や講座に代表されるように，学校教育と並ぶ社会教育の場としての機能が広く前面に出がちである。しかしながら，博物館の本源的な機能は，博物館法にその規定があるとおり，文化遺産である資料や作品を収集，保管（保存・管理）し，次世代へと継承していくための資料保管機関としての役割にあり，この機能が達成されて初めて社会教育機関としての顔も保持することができるのである。

　したがって，各地の博物館や学芸員にとって，収蔵庫に収められている資料や作品の次世代継承に向けての諸業務，例えばIPM（Integrated Pest Management，総合的有害生物管理）等が大切であることは言うまでもないが，実はそれと同様に大切なのが，博物館活動それ自体の記録化である。資料保管機関にとってなぜ，展示をはじめとする博物館活動の記録化が大切なのだろうか。

5.1.1　資料（作品）の展示と保管との相矛盾する関係

　博物館にとって，資料（以下，特に断らない限り絵画や彫刻等の創作活動の所産である作品もこれに含める）の展示は不可欠であるが，同時に，展示は資料の劣化を進行させる行為であることもまた事実である。皮肉にも，博物館法が定める博物館の諸機能のうち「展示」と「保管（保存・管理）」とは，相矛盾する関係下にあるのである。

　例えば，浮世絵版画をはじめとする日本近世の絵画資料等は，制作に際して用いられた顔料が天然素材から生み出されているという性質上，光線による褪色を免れることができない。したがってこうした絵画資料の展示に際しては，その照度を50ルクス以下に抑えるとともに，展示期間を年間1〜2週間程度に限定することが一般的である。

　かつて筆者が学芸業務を担当していた埼玉県立博物館（現・埼玉県立歴史と民俗の博物館）の常設展示室には，館蔵の浮世絵版画を公開するための専用スペースが存在したが，葛飾北斎や渓斎英泉といった人気画家の作品は，わずかに年に1回，それも2週間に限っての公開としていた。

　しかしながら，この展示サイクルを遵守したと仮定しても，10年間でその展示日数の総計は140日間となり，100年間では1,400日間に及ぶこととなる。1,400日といえば，約4年間に近い期間となり，これだけの長期間その浮世絵作品を展示したことによる褪色と紙の劣化は否めないところである。「展示」は必ず資料の劣化を促進するという意味において，「展示」と「保管」とは，相矛盾する関係下にあるのである。

5.1.2 資料保管機関の生命線としての博物館活動の記録

　したがって，博物館における資料の展示（展示替）に関する詳細な記録の蓄積は，資料の保管を考える上で必要不可欠なものなのである。また，同様の視点から，資料の修復に関する記録や，館外への貸出に関する記録等も重要であることは言うまでもない。資料の展示（展示替）や修復，貸出等を含めた詳細な博物館活動の記録は，資料保管機関としての博物館にとっての生命線であると述べても過言ではないのである。また，美術作品の場合には，その展示（展示替）や修復，貸出の履歴が，作品の保管に際しての貴重な情報となっているばかりか，その作品の真贋や同一作家の作品群の中での評価を決定するための重要な判断材料となっていることは，広く知られているところである。

　このように，博物館活動の記録化は，企画展のように利用者の目に触れる業務ではないが，博物館に勤務する学芸員にとっては必要不可欠な業務である。以下，博物館におけるさまざまな博物館活動とその記録化の意義・方法等について，筆者の埼玉県立博物館をはじめとする16年間の学芸員生活の中で得た知見に基づき，具体的な事例や資料を参照しながら概観していきたい。

5.2　博物館活動の全貌を記録する『年報』『館報』『要覧』

　それぞれの博物館における活動の全貌を記録するものとしては，まず『年報』あるいは『館報』『要覧』といったタイトルで，各館が毎年（年度）刊行する印刷物が掲げられよう。これらの刊行物には，当該年（年度）ごとの利用者数や予算額はもとより，常設展・

企画展の運営記録といった博物館活動の全容が記録されているが,併せて参考資料として開館時からの総計データも収載されていることが少なくない。

5.2.1 国立館,都道府県立館,区市町村立館の『年報』『館報』『要覧』

以下,管見に入った国・都道府県・市区町村がそれぞれ設置した規模の異なる博物館の『年報』『館報』『要覧』等を具体的に例にとって,その内容を紹介するとともに,それぞれの博物館が備えている特徴を紙面から確認してみたい。国立の博物館には独自の使命があるように,都道府県立の博物館,そして区市町村立の博物館にも,それぞれが果たすべき役割があることは言うまでもない。

図5-1 『国立歴史民俗博物館 要覧』

(1) 国立歴史民俗博物館『国立歴史民俗博物館 要覧』平成26年度（図5-1）

千葉県佐倉市に所在する国立歴史民俗博物館は1983(昭和58)年の開館である。同館ではそれぞれの年度ごとに『大学共同利用機関法人・人間文化研究機構 国立歴史民俗博物館 要覧』（総頁数48頁）を刊行しているが,「平成26年度版」の目次は以下のとおりである（数字は頁）。

5章　博物館活動の記録化について

はじめに	1
歴博のめざすもの	
―博物館という形態の大学共同利用機関として―	2
沿革	4
施設概要	6
組織図／人間文化研究機構組織図	7
運営会議委員	8
運営組織／職員数／予算	9
研究部	10
客員教員／非常勤研究員	14
研究推進センター	15
博物館資源センター	16
広報連携センター	17
共同研究	18
研究交流	23
国際交流	24
科学研究費補助金／国内交流事業／受託研究	25
資料・図書・データベース	26
研究者受入・大学院教育協力等	27
総合研究大学院大学　文化科学研究科　日本歴史研究専攻	28
平成26(2014)年度　日本歴史研究専攻授業科目・担当教員一覧	30
総合展示34　館内配置図35　プロローグ36　第1展示室37	
第2展示室38　第3展示室39　第4展示室40　第5展示室41	
第6展示室42	
くらしの植物苑	43
企画展示室	44
出版活動	45
広報・普及	46
本館の入館者数	48
利用案内	

一見して明らかなように，まさに国立歴史民俗博物館の活動の全体を知ることができる豊富な内容を有する『要覧』である。

　「資料・図書・データベース」の項によれば，同館の資料収蔵点数は23万8,385点，蔵書冊数は32万5,401冊であることが判明する。その中には国宝5点，重要文化財85点，重要美術品27点が含まれている。「データベース（れきはく）一覧」の項には「陶磁器出土遺跡　7,992件」「荘園関係文献目録　4,611件」のように，同館がこれまでに作成した37件のデータベースのタイトルとその収録件数も紹介されており，同館ならではの内容となっている。

　「入館者数」によれば，2013(平成25)年度の総入館者数は16万2,066人であり，開館時からの累計数は815万1,531人である。

　また，他の都道府県や区市町村の博物館の『年報』『館報』『要覧』と大きく異なる点として，各頁の記載内容がすべて英訳されて日本語と併記されている点を掲げることができよう。外国人研究者の利用も念頭に置いたこのような配慮は，国立の博物館・研究機関が果たすべき社会的使命の反映として評価したい。さらに，こうした刊行物としては珍しく冊子全体がカラー印刷されているので，「プロローグ」から「第6展示室」に至る展示室の紹介頁では，豊富なカラー写真によって展示室の状況を知ることができる。

　なお，国立歴史民俗博物館のウェブサイトでは，この『国立歴史民俗博物館　要覧』それ自体は公開されていないが，各年度ごと博物館活動の内容を記録した『年報』は公開されている。

5章 博物館活動の記録化について

(2) 埼玉県立さきたま史跡の博物館『館報』No. 7（図 5-2）

次に，都道府県の博物館が刊行する『年報』『館報』『要覧』の一事例として，1969(昭和44)年に開館した，埼玉県行田市に所在する埼玉県立さきたま史跡の博物館の『館報』（総頁数32頁）を紹介したい。「平成24年度版」の目次は以下のとおりである（数字は頁）。

図 5-2 『館報』No. 7

1	設置の目的	1
2	沿革	1
3	埼玉県立史跡の博物館の使命	2
4	事業	2
5	組織	2
6	史跡埼玉古墳群保存整備協議会委員	3
7	予算	3
8	施設・設備の概要	4
9	さきたま風土記の丘	8
10	平成23年度事業報告	8
11	平成24年度事業計画	11
12	入館者数等	15
13	展示解説・ボランティア等	17
14	関係刊行物	18
15	諸規程	20
16	利用案内	29

単色刷りの簡素な冊子であるが，その記載内容は豊富である。同館の当該年度の博物館活動を詳細に記録した「10　平成23年度事業報告」の記載内容を，さらに詳細に掲げれば以下のとおりである（一部，筆者加筆）。

　（1）展示事業
　　　ア　常設展示
　　　　（a）国宝展示室（通年）
　　　　（b）将軍山古墳展示館（通年）
　　　イ　企画展示
　　　　（a）企画展「さきたまのハニワたち」
　　　　（b）通史展「埼玉あの遺跡，この遺跡」（4回実施）
　　　　（c）最新出土品展「地中からのメッセージ」
　　　　（d）企画展「スローフードの考古学」
　　　　（e）ほるたま展2011「遺跡に残された古代の技とものづくり」
　　　ウ　ギャラリー展示
　　　エ　自然の博物館紹介ミニ展示
　　　　（a）秋のきのこ
　　　　（b）秩父の地質の見どころ
　（2）調査研究事業
　（3）資料の調査・収集・整理・保管事業
　　　ア　資料の収集
　　　イ　資料の保存・管理
　（4）埼玉古墳群の保存・整備事業
　　　ア　保存・整備
　　　イ　史跡整備研修会（1回）
　　　ウ　発掘調査現地説明会（1回）
　（5）教育普及・広報事業
　　　ア　さきたま古代体験（親子向け）（12回）

5章　博物館活動の記録化について

　　イ　さきたま古代体験・上級編（一般向け）（3回）
　　ウ　さきたまガイドツアー（展示及び古墳群の解説）（10回）
　　エ　さきたま講座（12回）
　　オ　史跡探訪（2回）
　　カ　県民の日記念行事
　　キ　実習・研修会・報告会・見学会
　　　　博物館学芸員実習，遺跡発掘調査報告会，史跡整備研修会，
　　　　鉄砲山古墳発掘調査現地説明会
　　ク　紀要6号の刊行，配布
　　ケ　資料の貸出，利用など

　国立の博物館とは大きく異なる，県立館ならではの多様な事業展開の詳細が判明する内容である。また，「15　諸規程」には，

　　埼玉県立史跡の博物館条例
　　埼玉県立史跡の博物館管理規則
　　埼玉県都市公園条例（抜粋）
　　知事の権限に属する事務の一部を埼玉県教育委員会に委任する規則
　　　（抜粋）
　　北浦和公園及びさきたま古墳公園の管理に関する規則
　　風土記の丘設置要項（抜粋）

が収められており，公立館（県立館）である同館の諸活動がこれらの法令に基づいて行われていることを検証するための貴重な資料となっている。

　なお，埼玉県立さきたま史跡の博物館のウェブサイトでは，この『館報』それ自体の公開は行われておらず，わずかに『館報』の「1　設置の目的」「3　埼玉県立史跡の博物館の使命」「3　組織」等が公開されているに過ぎない。

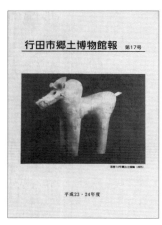

図5-3 『行田市郷土博物館報』第17号

(3) 行田市郷土博物館『行田市郷土博物館報』第17号（図5-3）

次に，区市町村の博物館が刊行する『年報』『館報』『要覧』の一事例として，先の埼玉県立さきたま史跡の博物館と同じ行田市に所在し，1969（昭和44）年に開館した，行田市郷土博物館の『行田市郷土博物館報』（総頁数32頁）を紹介したい。第17号の目次は以下のとおりである（数字は頁）。

1	設立の目的	2
2	沿革	3
3	施設概要	5
4	組織	9
5	諸統計	10
6	平成23年度事業報告	12
7	平成24年度事業報告	17
8	関係法規	22

印刷・刊行費を削減するためか，2年度分の記録をまとめての刊行である。「6　平成23年度事業報告」の記載内容は以下のとおりである（一部，筆者加筆）。

5章　博物館活動の記録化について

（1）展示事業
  A　自主事業
    ・「忍藩主たちの書画書状」
    ・「わがまちの宝物2」
    ・第25回企画展「兜〜武将のシンボル」
    ・博学連携展示「むかしのくらし」
    ・その他
        常設展示室一部展示替
        ラウンジ展示（3件）
    ・忍城水攻め関係古文書のレプリカ作成
  B　貸館展示（4件）
（2）教育普及
  A　イベント
    ・企画展講演会（1回）
    ・火縄銃演武（1回）
  B　子ども対象普及事業イベント
    ・子どもミュージアム
      ①「つくってあそぼう」
      ②体験コーナー（22回）
      ③体験学習会（8回）
      ④映画会（5回）
  C　博学連携
    ・学校への博物館資料の貸出
    ・職場体験学習（中学2年生を受け入れ）
    ・総合学習対応
    ・博学連携検討委員会
  D　博物館実習
  E　博物館友の会
    ・総会

・ふるさと講座（6回）
　　　・文化財めぐり（2回）
　　　・出版広報
　　F　展観・写真・撮影協力
　　　・資料出品協力
　　　・写真提供
　　　・取材・撮影協力
　　G　学芸員の講師出講（日付・演題・主催者）(28回)
（3）資料収集・整理・保存
　　　・資料寄贈（18件）
　　　・寄託資料
　　　・資料購入（3件）
　　　・資料修復（3件）
　　　・保存管理
　　　　①館内保存環境調査
　　　　②資料くん蒸
　　　　③資料整理
　　　・購入図書
　　　・受贈図書

　このように，行田市内の小・中学校現場との博学連携に関わる事業（上記C）や，市民大学・公民館講座等への講師派遣（上記G）のように，県立館よりもさらにきめ細やかな，市立館ならではの事業展開の全貌が詳細に記録されている。

　なお，行田市郷土博物館のウェブサイトでは，この『行田市郷土博物館報』それ自体は公開されておらず，わずかに「組織」が公開されているに過ぎない。

5.2.2 『年報』『館報』『要覧』の現状と課題

このような『年報』『館報』『要覧』等は，市販されることがないのが一般的であり，利用希望者は，各館の図書室・資料室や，公立館の場合には当該自治体の図書館等で閲覧するしかないのが現状である。近年では，ウェブサイトでこうした内容が公開されることも増えてきているが，こうした形式での情報公開は，どの程度の期間，閲覧が可能かが不透明であり，やはり，従来どおりの紙媒体による冊子形式での印刷物の刊行も後述のように不可欠である。

現状では，予算の削減や館員の不足等により，こうした『年報』『館報』『要覧』等を刊行していない博物館もあるようであるが，前掲のような博物館活動の記録化の重要性から鑑みればこれは論外であり，行田市郷土博物館のような2年度分をまとめての刊行や，パソコンを用いた手作りの冊子の刊行でもよいから，何らかのかたちで，博物館活動を記紙媒体で刊行することを求めたい。こうした現状の問題点を的確に把握し確実に改善していくことは，学芸員ひいては博物館に課せられた重要な社会的使命である。

5.3 博物館の社会的使命としての資料目録の公開・作成

博物館にとって，館蔵資料の目録の作成と公開もまた，重要な業務の一つである。個人蒐集家のコレクションであるならば，こうした目録の作成と公開は任意とされても仕方がないが，博物館が社会教育機関である以上は，館蔵資料の目録を世間に公表・周知し，その利用の機会を提供しなければならないことは自明のことである。したがって，こうした資料目録の作成と公開業務もまた，博物館活

動の記録化という観点から見れば，前掲の『年報』『館報』『要覧』の刊行と同様，学芸員ひいては博物館に課せられた社会的使命であると述べても過言ではない。

5.3.1 資料目録の作成の現状と課題

筆者が勤務していた埼玉県立博物館では1979（昭和54）年度刊行の『埼玉県立博物館館有資料目録Ⅰ』に始まり，1997（平成9）年度刊行の『埼玉県立博物館館有資料目録ⅩⅠ』に至るまで，計11冊の資料目録が刊行されている（図5-4）。こうした情報は，もちろん館内ではパソコン上にデータベース化されて，日常の諸業務に利用されているものであるが，紙媒体による冊子形式での印刷物の刊行は，後述のように博物館の長期的な活動を視野に入れた場合，不可欠な業務である。

しかしながら，こうした印刷物としての資料目録は，重大な問題

図5-4　『埼玉県立博物館館有資料目録Ⅰ』

を抱えている。すなわち，資料目録の刊行後は，これを図書館や各種の学校・研究機関等に配布し，利用者の便に供さなければならないのであるが，残念なことに資料目録の刊行部数には限りがあるため，自ずからその配布先が限定されてしまうのである。とりわけ，自治体の予算で運営されている公立館の場合には，まずは地元自治体の図書館や各種の学校・研究機関から配布を開始していかざるを得ないであろう。したがって，本来，この資料目録を必要とするであろう国内外の博物館や図書館・大学・研究機関等のすべてには，残念ながらこれを配布することができないのである。そこで登場するのが，資料目録をインターネット上で公開するという手法である。

5.3.2 インターネットを用いた資料目録の公開

現在，前掲の埼玉県立歴史と民俗の博物館（旧・埼玉県立博物館），埼玉県立さきたま史跡の博物館，埼玉県立嵐山史跡の博物館，そして埼玉県立川の博物館のウェブサイトでは，各館ごとの資料目録の閲覧・検索はもとより，当該4館を横断しての収蔵資料の閲覧・検索が可能となっている。前述のように，刊行部数が限定されてしまう印刷物としての資料目録とは異なり，当該4館のウェブサイトにアクセスさえすれば，その誰もがこのサービスを享受することができるのである。

このような博物館のウェブサイトに公開された資料目録の中には，同時に当該資料の精緻なカラー画像を見ることができる（画像の拡大もできる）ものも少なくなく，絵画資料や動植物標本資料をはじめとして，多くの利用者から高い評価を得ている。

以上のような観点から鑑みれば，今後も各地の博物館は，印刷物

としての資料目録の刊行と，そのウェブサイトでの公開を2本の柱とすることが重要である。

5.4　展示図録の種類とその使命

さて，博物館活動の記録化を考えた場合，最初に想起されるのは，展示図録（目録・カタログ）ではないだろうか。展示図録は，各館の常設展示の概要を収録した常設展図録と，会期を限定した企画展の開催に際して刊行される企画展図録に大別される。

5.4.1　常設展図録

博物館の展示といえば，いきおい話題性を伴いがちな企画展に衆目が集まる傾向があるが，ある特定の地域を対象とした歴史系博物館や自然系博物館，そして個人を顕彰した美術館や文学館等は，何時その博物館を訪れても観覧することができる常設展示が展示の中心を占めていることが一般的である。

言うまでもなく常設展示もまた資料の保護等の理由から展示替えを伴うのであるが，例えその資料が入れ替わっても，その展示のストーリー（コンセプト）は変わらないことが多い。そのような理由から，開館時に作成・刊行した常設展図録が，次の常設展示のリニューアルまで販売され続けることも多いようである。しかし，あまり時間が経過してしまうと，幾度も展示替えすることにより，常設展示とその図録の内容とがすでに大きく乖離してしまっている事例も多く見受けられる。可能であれば，常設展示図録もまた定期的に改訂することが重要である。

5.4.2 企画展図録

　毎年日本各地の博物館・美術館等において開催されている企画展の数は，おそらく大小合せて数千にも及んでいると思われる。これらの企画展では，展示室内において当該テーマに関する現場の学芸員の積年の調査・研究活動の成果が紹介されているばかりか，展示や演示という手段に対しても学芸員の叡智と労力が注がれていることは言うまでもない。また，企画展の準備段階から開幕，そして会期中はもとより閉幕から資料返却時に至るまでの期間には，事務方を含めて博物館の総力を結集すると述べても過言ではない組織体制が採られ，これを実現するための膨大な時間と予算が投下されていることも周知のとおりである。

　こうして開催される博物館の企画展に際しては，そのほとんどの場合，展示図録が作成され，企画展に出品されたすべての資料の一覧，個々の写真，データと解説，そして学芸員および関連研究者の調査研究の成果等が収められている。一般的には，こうした図録の刊行によって当該企画展の記録化は完了したとみられがちであるが，博物館関係者の誰もが承知するとおり，こうした企画展の図録は，限られた予算・時間という制約の中で，あわてふためきながら編集・刊行されていることが多い。また，その刊行部数にも限りがあり，企画展の開催期間を逃すと一般の方は入手し難い（時には，開催期間中に完売することもある）ことも事実である。

　以上のような状況の中，筆者は，かねてから「博物館展示の記録化」を提唱してきた[1]。以下，こうした膨大な叡智・労力・時間・予算の下に開催される企画展の内容の総体を風化させず，学芸員や博物館関係者はもとより，博物館利用者ともども将来にわたって有

効に活用していくための企画展図録を例に,「博物館展示の記録化」について述べてみたい[2]。

(1) 企画展開幕後にもたらされる情報

　先にも述べたように,企画展の開催に併せて刊行される図録には,企画展に出品された資料の一覧,個々の写真,データと解説,そして学芸員の調査研究の成果といった一定の情報が収められている。ところが,学芸員の誰もが経験をもつとおり,企画展の開催期間中に,大勢の観覧者あるいは関係者から新たに寄せられる情報量も決して少なくはないのである。

　例えば,美術展の場合には,展示室のパネル,キャプション,そして図録に掲載している情報等に対する指摘はもとより,出品作品の真贋に関する情報や,関連作品の所在に関する情報といった,思いがけないほど多数の情報が担当者の元に寄せられるのである。筆者の経験から一例を示してみたい。

　かつて埼玉県立さいたま文学館の学芸員として勤務していた筆者は,1998(平成10)年の9月15日から12月20日にかけて開催した企画展「国木田独歩『武蔵野』発表100年記念―武蔵野の文学」の企画・運営を担当する機会に恵まれた。この時,企画展の開幕直後に,NHKテレビ・ラジオ等で紹介報道がなされたが,このテレビ・ニュースを独歩の孫にあたる方が御覧になり,放映されたその日のうちに文学館に御来館くださるという嬉しい出来事があったのである。

　さいたま文学館では,通常の著作権手続きはもとより,没後50年を経過し文学作品の著作権がすでに消滅した文学者であっても,その作品を展示したり刊行物において取り上げる際には,必ず御遺

族に連絡し,御挨拶を差し上げるようにしていた。ところが,著作権が消滅した文学者の御遺族の連絡先を突き止めることはなかなか至難の業であり,この時も準備段階において独歩の御遺族の連絡先を探したが,著作権の消滅からかなりの年月が経過しているということもあり,残念ながら判明せず,諦めかけていた中での開幕であった。御来館に際しては独歩が死の床についた現・神奈川県茅ヶ崎市に所在した結核療養施設「南湖院」で撮影された最後の肖像写真を含む貴重な写真資料数点と,独歩の次男・哲二が制作した独歩の肖像レリーフを御持参くださり,企画展の開催期間中,文学館に貸与してくださった。御遺族ゆえに所蔵が可能なこれらの貴重な資料は,直ちに追加資料として展示し,会期終了までの間,多くの観覧者に見ていただくことができたのである。

　無論,これらの追加展示資料は,図録には掲載されておらず,会期終了後に筆者が執筆した企画展関係の論考の中で紹介・記録することとなった[3]。

　このように,企画展開幕後にもたらされる情報,すなわち企画展図録刊行後に追加される情報は,決して少なくないのであるが,こうした情報はいかに記録していくべきなのであろうか。各館の年報や研究紀要等への記事掲載が一般的と思われるが,最も理想的なのは,企画展終了後に,企画展の記録をも含めた決定版の図録を再度刊行することではないだろうか。決して絵空事ではなく実際に,このような図録の刊行が行われていることを確認しておきたい。

(2) 企画展終了後の図録刊行

　企画展終了後の図録刊行としては,京都国立博物館をはじめとする各国立博物館の取り組みがある。管見に入った例を紹介したい。

書名と，凡例の一部を掲げれば以下のとおりである。

①京都国立博物館『古面』岩波書店，1982.
　　一　本書は昭和五十五年十月七日から十一月二十四日までを会期とする京都国立博物館の特別展覧会「古面の美－信仰と芸能－」に出陳された作品を中心に編集した図録である。
　　（中略）
　　一　図版は，「伎楽」「舞楽」「行道」「神事・能」「装束」および「貝面・土面」の順とし，収録作品は特別展覧会に出陳されたものを中心に，<u>若干の作例を加えた。</u>」
②京都国立博物館『山水』小学館，1985.
　　一　本図録は昭和五十八年十月四日から十一月六日までを会期とした京都国立博物館の特別展覧会「山水－思想と美術」に出陳された作品を中心に，<u>若干の重要な作例を加えて</u>編集した。
③京都国立博物館『院政期の仏像：定朝から運慶へ』岩波書店，1992.
　　一　本書は平成三年二月五日から三月十七日までを会期とする京都国立博物館の特別展覧会「院政期の仏像－定朝から運慶へ－」に出陳された作品を中心に，<u>それに出品されなかった若干の作品を加えて</u>編集された図録である。

①②は企画展の開催から2年後，③は1年後の刊行であるが，それぞれの凡例に下線部を付したとおり，企画展に出品された作品のみならず，企画展終了後の調査・研究成果や新たな作例が加えられ

5章　博物館活動の記録化について

て各テーマを追求した，いわば決定版の図録となっている。一般の企画展観覧者というよりも研究者を対象に刊行された図録であるため総合的な企画展の記録とはなっていないが，このような図録の刊行こそ，まさに国立博物館が果たすべき社会的使命と述べても過言ではないであろう。しかしながら，各国立博物館のウェブサイトを参照してみると，このような図録（各館でその呼称が異なり，東京国立博物館では「研究図録」，京都国立博物館では「大型図録」，奈良国立博物館では「特別展図録（豪華図録）」とされている）が，独立行政法人に移行した2001（平成13）年度以降，京都国立博物館刊行の2冊を除いて刊行されていないことは，各館の本来業務の後退と言わざるを得ないのではないだろうか。

　国立博物館の独立行政法人化に伴う諸問題についてはすでに数多くの論考があり，本稿では改めてこれに言及しないが，本稿で紹介したような単年度では評価されない業務や，日本全国を対象とした調査・研究とその成果公表の場としての企画展開催といった国立博物館の使命ともいうべき業務等が，後退することなく，さらに発展していくことを祈念せざるを得ない。

　なお，こうした企画展終了後の図録の刊行という取り組みは，何も国立博物館に限られたことではない。大田区立郷土博物館では，1994年2月13日から3月27日にかけて第29回特別展「武蔵国造の乱」を開催したが，その翌年秋には，会期中に刊行された図録を「一部訂正」した上で，同展に伴う講演会の内容を講演編として収載した書籍を刊行している[4]。同館では，これに引き続いて1996年に開催した特別展「トイレの考古学」に際しても，やはりその翌年，会期中に刊行された図録に同展に伴う講演会の内容を講演編として収載した書籍を刊行し，好評を博している。

また最近では、2013年3月9日から5月6日にかけて府中市美術館で開催された企画展「かわいい江戸絵画」の企画展図録が企画展終了後に出版社から再販されている。同展には、会期中に2万人を超える入館者があり、「カタログも望外の売れ行きで会期終了前に完売の事態を招」いたため[5]、改めて出版社から刊行されたものである。同書の凡例にも、

> ＊本書は、府中市美術館主催「かわいい江戸絵画」展（平成二五年三月九日―五月六日）の図録に基づき、再編集した書籍である。書籍化にあたり、主に以下の点を変更した。
> ・同展には出品されなかった作品（168・170）を追加収録した。
> ・図版解説を書き改めたものがある。
> ・論考の一部を改訂した。

との記述があり[6]、先に刊行された図録の内容を増補したという点において、企画展終了後に図録を再刊行することの意義が明確に謳われている。

　このように、企画展終了後に、企画展の記録をも含めた決定版の図録を再度刊行することに対しては、業務上あるいは予算上、数多くの制約があるものと思われるが、学芸員の矜持に懸けて、機会を捉えて実現して欲しいと願わざるを得ない。

　なお、大田区立郷土博物館が2冊目の図録に企画展関連の講演会の内容を再録したことは、講演会当日の参加者のみが享受した講演の内容を広く公開する上でも、重要な意義がある[7]。

（3）総合的な博物館展示の記録化に向けて
　さて、企画展の記録といえば、図録に収められた

5章　博物館活動の記録化について

①企画展に出品されたすべての資料・作品の一覧
②各資料・作品のデータと解説
③学芸員および関連研究者の調査研究の成果

等が最低限の内容となるが，この他に，先に言及したような関連事業の記録も重要である。また，すでに述べたとおり，企画展会場における展示・演示という手段に対しても学芸員の叡智と労力が注がれており，総合的な博物館展示の記録化を追求するならば，記録しなければならないことは膨大に存在する。こうした総合的な博物館展示の記録化に関しては，筆者が改めて指摘するまでもなくすでに各地の博物館においてその重要性が認識され，さまざまな取り組みが始められている。筆者の目にとまった埼玉県立歴史と民俗の博物館の取り組みを紹介したい。

同館で毎年度発行されている『紀要』には，「論文」や「資料研究」と並んで「記録」の項目があり，ここに企画展の記録が掲載されている。第6号には，杉山正司の論考「交通史展示における「線」の複合展示～特別展「皇女和宮と中山道」から～」が掲載されているが，その構成は以下のとおりである[8]。

　はじめに
　1　展示概要
　2　関連事業と広報
　3　「線」の複合展示
　4　利用者アンケートから
　おわりに

「1　展示概要」では，6つに分かれた企画展の展示構成が展示室風景の写真とともに紹介されている。展示会場の平面図も掲載さ

れており,会期中に企画展を見逃した方でも,企画展の図録と併せてこの論考を参照すれば,企画展の内容を追体験することが可能となるであろう。「2　関連事業と広報」では,企画展関連事業として行われた記念講演会,現地見学会,展示解説の記録と,企画展ポスターの写真等が掲載されている。「3　「線」の複合展示」では,企画展担当者である杉山が,今回の企画展の展示構成を企画した際に意図したことが改めて述べられている。「4　利用者アンケートから」では,会期中に企画展観覧者を対象に実施したアンケートの集計結果が報告されている。

　以上は,企画展示を開催した側からの記録であるが,観覧者側からの企画展の記録化もさまざまなかたちで試みられている。各社新聞紙上の文化欄に掲載される展覧会評はその一つであるが,こうした場に取り上げられる企画展は,主要都市の博物館で開催される大規模な企画展に偏りがちであることは否めない。

　そのような中,地方史研究協議会では,その会誌『地方史研究』において,いち早く各地で開催された企画展を評論する頁である「展示批評」欄が設けられており,この埼玉県立歴史と民俗の博物館の特別展「降嫁百五十年記念　皇女和宮と中山道」に対しても,その批評が掲載されている[9]。学会として企画展の記録化に取り組み続けている貴重なケースといえよう。

　また,企画展開催者側からの依頼を受けて関連分野の研究者等が専門的見地から展示批評を行うという試みも行われている。筆者もさいたま文学館の学芸員時代に,1999(平成11)年の7月27日から9月5日にかけて江戸東京博物館で開催された企画展「永井荷風と東京」の批評を担当したことがあるが[10],今後,さまざまな立場からの展示批評が活発化することを期待したい。

5章　博物館活動の記録化について

5.5　展示等のリニューアルの記録化について

　以上，博物館活動の記録化について，具体的に『年報』『館報』『要覧』，資料目録，展示図録を例にとって思いつくままに述べてきた。最後に，博物館や展示のリニューアルの記録化について検討してみたい。

　1971(昭和46)年11月に開館した埼玉県立博物館は，1982年の埼玉県立近代美術館の開館に際して，それまで備えていた近代美術部門を切り離し，展示の全面的な改善を行った結果，1983年11月に歴史系総合博物館として再スタートした。その一部始終は『埼玉県立博物館　展示等改善事業の記録』と題する報告書にまとめられて翌年に刊行されたが[11]，ちょうど展示のリニューアルを必要としていた全国の博物館から貴重な文献として引き合いが相次ぎ，瞬く間に在庫を失った。そのため同館では，リニューアル後の歩みも加えて，1991年に『埼玉県立博物館　展示等改善事業の記録とその後のあゆみ』と題する報告書を刊行し（図5-5），さらに多くの方々に利用いただいている[12]。その目次は以下のとおりである。

図5-5　『展示等改善事業の記録とその後のあゆみ』

第1章　展示等改善事業に至るまでの経過と目的
　第1節　博物館11年の歩み　　　　　　　　　　　　　1
　第2節　展示等改善事業の目的と基本方針　　　　　　3
第2章　展示等改善事業の概要と経過
　第1節　展示等改善事業のあらまし　　　　　　　　　7
　第2節　全体経過　　　　　　　　　　　　　　　　　9
　第3節　組織と体制　　　　　　　　　　　　　　　　13
第3章　常設展示の展示改装
　第1節　基本理念　　　　　　　　　　　　　　　　　18
　第2節　経過　　　　　　　　　　　　　　　　　　　20
　第3節　展示テーマと構成　　　　　　　　　　　　　29
　第4節　テーマ別展示の実際　　　　　　　　　　　　33
　第5節　展示装置　　　　　　　　　　　　　　　　　56
　第6節　資料収集　　　　　　　　　　　　　　　　　63
第4章　スタディルーム〜郷土学習室〜の展示改装
　第1節　基本理念　　　　　　　　　　　　　　　　　67
　第2節　経過　　　　　　　　　　　　　　　　　　　68
　第3節　展示の実際　　　　　　　　　　　　　　　　72
　第4節　資料収集　　　　　　　　　　　　　　　　　80
第5章　季節展示室の改装　　　　　　　　　　　　　　83
第6章　施設の改修
　第1節　あらまし　　　　　　　　　　　　　　　　　84
　第2節　設計と施工　　　　　　　　　　　　　　　　85
第7章　今後の展望と課題　　　　　　　　　　　　　　89
第8章　展示等改善事業以後のあゆみ
　第1節　展示等改善事業の課題を受けて　　　　　　　91
　第2節　常設展示の主な展示替え　　　　　　　　　　91
　第3節　資料の収集と整理　　　　　　　　　　　　　94
　第4節　特別展の開催　　　　　　　　　　　　　　　95

5章　博物館活動の記録化について

このうち，第7章までが，1984年に刊行された『埼玉県立博物館　展示等改善事業の記録』の再録であり，第8章がその後の歩みとして1991年に増補された部分である。『年報』『館報』『要覧』，資料目録，展示図録はもとより，このような開館時やリニューアル時の記録もまた，何らかの形でまとめておくこと必要があろう。

5.6　展示の記録化と紙媒体

最後に，博物館展示の記録化を論じる際にどうしても言及しておかなければならない問題を2点述べておきたい。その第1は情報センターの確立の問題であり，第2はその記録保存媒体の問題である。

まず前者についてであるが，全国各地の博物館が刊行するその膨大な図録や研究紀要を網羅的に収集し公開・活用している機関は残念ながら存在していない。本来ならば，文化遺産の次世代継承を所管する文化庁が責任をもってこうした博物館情報の収集・保管・公開を行うアーカイブズを運営すべきであろうが，実現までの道程は遠いようである。そのような現状において，現実的な選択をするとすれば，まずは各都道府県ごとに都道府県立館がセンターとなって可能なところからその業務に着手することではないだろうか。最も数の多い区市町村レベルの博物館にまで細やかに対応することができるのは，さしあたっては各都道府県の都道府県立館であることは，衆目の一致するところであろう。

また，現在各地の博物館で資料目録等のデジタル化が進展しているが，博物館展示の記録化に際しては，従来どおりの紙媒体による目録・図録の刊行や，紙焼き写真の保存等を維持することが肝心で

ある。言うまでもなく博物館は，人間のライフサイクルをはるかに超えた資料・作品の生命を次世代に継承していくための資料保存機関でもあるが，近年危惧するのは，博物館に勤務する学芸員や博物館関係者の中にも，展示の記録化をも含めた博物館情報の保存はデジタルデータで行えばそれでよいと勘違いしている人が見受けられることである。日常的な業務やその成果の公開には効率を重視しておおいにデジタルデータを用いるべきであるが，100年，数百年後を見越して情報を残そうとする場合には，デジタルデータと併せて旧態依然とした（？）紙媒体を利用することが肝要なのではないだろうか。

　SPレコードからLPレコード，オープンリールテープやカセットテープといった磁気テープ，そしてCDや携帯型デジタル音楽プレイヤーという光ディスクに至った音楽記録媒体（ソフト）の推移と，これを再生する蓄音機以来の再生媒体（ハード）の推移を想起していただきたい。また，ビデオテープからDVD，そしてブルーレイディスクへと推移しつつある映像ソフトとこれを記録・再生するハード。そしてフロッピーディスクから，CD等の光ディスク，そしてUSBメモリー等のフラッシュメモリーへと推移したパソコン・データの記録媒体の短期間における盛衰を見れば，1,000年を超える実績によって証明されている紙媒体のもつ長期間にわたる有用性が認識されるのではないだろうか。

5章 博物館活動の記録化について

引用参考文献・注

1：宮瀧交二「文学館における「展示の記録化」にむけて」『全国文学館協議会会報』4，全国文学館協議会，1997.
2：宮瀧交二「博物館展示の記録化について」『博物館研究』47-7，(財)日本博物館協会，2012.
3：宮瀧交二「文学館における展示について」『MOUSEION』44，立教大学学校・社会教育講座学芸員課程，1998.
4：大田区立郷土博物館編『武蔵国造の乱：考古学で読む『日本書紀』』東京美術，1995.
5：井出洋一郎「本書刊行のごあいさつ」府中市美術館編『かわいい江戸絵画』求龍堂，2013.
6：同上．
7：谷口榮「展覧会関連のシンポジウムやフォーラムを記録する：展示を記録するひとつの方法」『博物館研究』47-7，(財)日本博物館協会，2012.
8：杉山正司「交通史展示における「線」の複合展示〜特別展「皇女和宮と中山道」から〜」『紀要』6，埼玉県立歴史と民俗の博物館，2012.
9：西光三「埼玉県立歴史と民俗の博物館特別展『降嫁百五十年記念　皇女和宮と中山道』を見て」『地方史研究』352，2011.
10：河越雄二・宮瀧交二「批評2　永井荷風と東京展」『江戸東京博物館研究報告』5，2000.
11：埼玉県立博物館『埼玉県立博物館　展示等改善事業の記録』1984.
12：埼玉県立博物館『埼玉県立博物館　展示等改善事業の記録とその後のあゆみ』1991.

6章

事例研究　市立館の目録刊行
──『金沢湯涌夢二館収蔵品総合図録』

はじめに

　小規模な市立館が，周年事業として，一人の詩人画家の収蔵資料目録の作成と公開に取り組んだ。旧職員や外部協力者の支援を得て充実した内容に整え，展示図録の体裁で刊行した。名称は「総合図録」とし，ミュージアム関係者や研究者，各地の愛好家や地元の市民にも見てもらい，作者や資料に興味をもつ人が増え，研究の裾野が拡がる願いをこめて工夫も凝らした。

　『金沢湯(ゆ)涌(わく)夢二館収蔵品総合図録』は，資料目録と資料情報，研究成果をひとつにまとめ，研究者から一般市民までを利用者に想定し，冊子体ならではの利点を縦横無尽に生かし，考え抜かれた一冊である。目録作成と資料情報の公開事例として本書を取り上げる。

6.1　竹久夢二資料の現存状況と課題

6.1.1　竹久夢二について

　竹久夢二（1884-1934　以下，夢二）は，岡山県邑久郡本庄村（現在の瀬戸内市）生まれ。大正ロマンを代表する抒情派の画家にして詩人である。明治時代末期から雑誌や画集に発表した〈夢二式美人

画〉や,1918年に作曲された夢二作詞の歌「宵待草(よいまちぐさ)」で有名である。

夢二は,美人画から,色鮮やかで楽しそうな「子ども絵」まで幅広い作風をもって多様なメディアで活動を展開。書籍の装幀,千代紙,絵封筒,和服の半襟(はんえり)などの図案を手がけ,現在でいうグラフィックデザイナーの先駆者としてゆるぎない地位を確立している[1]。

6.1.2 夢二資料の伝来・研究状況

転居と漂泊を繰り返した夢二の資料群は,各地に伝来する。生家のある岡山県の夢二郷土美術館(公益財団法人・1984年開館)に約3,000点[2],群馬県伊香保市の竹久夢二伊香保記念館(公益財団法人・1981年開館)に約1万6,000点[3],東京都文京区の竹久夢二美術館に約3,300点[4](私立・1990年開館),石川県金沢市の金沢湯涌夢二館に約1,600点(公益財団法人・2000年開館),京都国立近代美術館・川西英(かわにしひで)コレクションの約300点と分散しており,カタログレゾネ[5](作品総目録)も未着手。研究状況も,近年の研究成果を踏まえた修正等が必要となってきている。

6.2 金沢湯涌夢二館収蔵品総合図録について

夢二作品を収蔵する美術館・個人などとできうる限り連携・協力しながら,未開拓・未整理の分野の研究・調査を進め,詩人画家・竹久夢二の全貌解明に向けて努力すること。そしてそこから得られた成果を国内外の展示・公開などにリンクさせること。今後の夢二研究におけるこの二つの課題と,将来に託すカタログレゾネも意識しながら,金沢湯涌夢二館(以下,夢二館)では,設立10周年記念事業として,2010年度から2012年度の3か年計画に基づき本書

を制作した。学芸員1名の補助と外部の協力はあるものの,編集担当は館長一人という。書誌情報は次のとおり。

　書名：竹久夢二　金沢湯涌夢二館収蔵品総合図録
　編集・発行：金沢文化振興財団 金沢湯涌夢二館
　発行年：2013年2月　出版地：金沢　頁数：200p
　大きさ：30cm　価格：1,080円（税込）　ISBN978-4-89010-611-0

6.2.1　図録の構成

　本書は,2012年度現在で夢二館が収蔵する総数1,534点の作品[6]のうち,復刻版画類を除く755点について,目録と全点の資料写真をカラーで掲載する。全体を図録篇,論文・解説篇,資料篇の3部構成とし,資料篇に全12頁の資料目録（収録作品目録）を収める。この資料目録は英文表記の横書きで左開きにする必要から,巻末におかれている。以下に目次を示す（原文の改行を示す／,＊,［　］は筆者が付した）。

　　巻頭言　ご挨拶［金沢市長　山野之義］／目次／竹久夢二と金沢湯涌夢二館－展示活動と図録作成について－［金沢湯涌夢二館館長　太田昌子］／凡例／
　　図録篇　p.11-126．＊［　］内は作品点数
　　Ⅰ　絵画・素描［92点］／Ⅱ　書跡・書簡［75点］付・主要関連人物略伝／Ⅲ　版画［18点］／Ⅳ　グラフィックデザイン［11点］／Ⅴ　装幀（夢二の著書・他著の装幀）［82点］／特集『月映』［6点］／Ⅵ　楽譜デザイン［225点］／特集　夢二写真アルバム／Ⅶ　日用品デザイン［75点］／Ⅷ　絵葉書［99点］／Ⅸ　新聞・雑誌（コマ絵・表紙絵など）［68点］／特集

遺品［4点］

論文・解題篇　p.127 - 159.

〈夢二式〉の成立と金沢湯涌夢二館所蔵の美人画について　高橋律子／竹久夢二と子どもの本の世界－和と洋の間で－［含．子ども向け作品関連年表］荒木瑞子／夢二デザインの要訣　谷口朋子／和紙舗「榛原」と竹久夢二　大木優子／清文堂に伝わった夢二の絵封筒類について－大槻笹舟旧蔵・清水はつ代コレクションの『夢二封筒模様』と「貼交帖」を中心に－　川瀬千尋／明治の絵葉書趣味と竹久夢二　大木優子／堀内コレクションについて　高橋律子

資料篇　p.161 - 200.

絵画・書跡の款記・印章一覧／書簡翻刻／竹久夢二略年譜／収録作品目録（英文タイトル付）／謝辞

　図録篇と，資料篇の款記・印章の写真（5頁）をあわせ，全体の半分以上が画像による資料情報である。専門用語の多い文字だけの記述になりがちな目録を，一般になじみのある美術資料の図録の体裁をとり，全資料をカラー写真掲載したことは重要である。文章ではカバーしきれない豊かな資料情報を，すべて平等に提供する意義は大きい。資料写真と目録記述が切り離されてしまう点が惜しまれるが，後述するように，本書はその点も，各種の資料情報も，実にわかりやすく，見やすく編集している。

6.2.2　分類と目録の配列

V　装幀
Book-design (Own Book / Other Book)
197　『夢二画集　春の巻』(再版) 洛陽堂 Collection of Works by Yumeji, *Spring* 1909年(明治42)　書籍　木版 22.3×15.3 収蔵品No.1145　堀内家旧蔵
198　『夢二画集　夏の巻』(3版) 洛陽堂 Collection of Works by Yumeji, *Summer* 1910年(明治43)　書籍　木版 22.4×15.1 収蔵品No.179
199　『夢二画集　秋の巻』(初版) 洛陽堂 Collection of Works by Yumeji, *Autumn* 1910年(明治43)　書籍　木版 22.5×16.0 収蔵品No.1141　堀内家旧蔵

「収録作品目録」の基本項目は、作品名、制作年、形態、技法・素材、サイズ、収蔵品番号、受入情報（寄贈・旧蔵）である。装幀の分類には、版数・出版社・著者名（他装本のみ）を加える（図6-1）。

資料（作品）は出所ごとではなく、収蔵品に即して主題・技法・メディアなどの9つに分け、その中を制作年代順に配列。目録の作品データと資料写真には、同じ掲載順で同じ通し番号（図版番号と呼ぶ）が付けられているため、照合が容易で、頁が離れていても迷うことがない。

図6-1　収録作品目録（V装幀）より

198　『夢二画集　夏の巻』(3版)(右から 表紙・扉・奥付)　1910年(明治43)

図6-2　『夢二画集　夏の巻』(図版198)のキャプション

作品名に続けて版数表示、各カットの説明（右から表紙・扉・奥付）を記す（目録記述は図6-1参照）。

6.2.3 特色・工夫

(1) 多様な資料情報

　目録と重複するが，資料写真1点ごとにも，制作者（夢二の場合は省略），図版番号，作品名，制作年代を載せる。さらに資料の特徴にあわせ，1点でも複数カットの写真を載せるものもある。例えば本の装幀では，本体のカバー，本体の表紙や見返し・総扉・口絵などのカットを載せる（図6-2，外箱があるものは，外箱の表・裏・背も載せる）。都合で第1巻しか掲載できない場合は，「全5巻とも裏表紙に異なるモティーフが付せられている」（p.90）と説明を添える。

　文字の翻刻も充実。葉書や書簡等の長文のものは，資料篇にまとめ，画中の単語や短文・詩歌などは，資料写真の脇に翻刻を載せる。文字サイズは小さめだが，何とかくずし字と対比できる。

　絵画・書跡の款記・印章は，白黒写真の脇に，印の種類と印文の翻刻，印章か描印かの区別を記す。

　特筆すべきは，作品名を和文・英文併記とする点である。英語でのアクセスが可能になることは，インターネット掲載への備えになるほか，夢二研究の国際的な拡がりへの後押しとなる。翻刻や印文解読は，くずし字に弱い人への配慮であるとともに，正確なテキスト情報としての活用や，デジタル環境下での文字列横断検索への備えとなる。

(2) 利用者への配慮

　資料写真を載せる図版篇は，見開き右頁の小口側上部に，分類別の色わけインデックスと文字の見出しをつけ，迷わず検索できるよ

うにしている。

　資料目録は，通常，資料（アイテム単位）1点ごとの情報を扱う。その個別情報にはなじまないが，作品の主題や時代背景の情報は資料理解に欠かせない。本書ではその点も配慮され，分類ごとの扉頁や頁余白，資料写真の近くなどに，理解を助ける解説を随所においている。分量が必要な場合は頁を別に確保している（主要関連人物略伝など）。

（3）記述の根拠や調査・研究の情報

　「凡例」には1頁をあて，図録の編集方針や表記の処理等を詳細に記す。それに加え，暗黙知になりやすい，資料の特性に応じた調査情報や，その都度判断したことも，本書は徹底して記録化する。一例を挙げよう。

　　＊箱の表裏に関しては，題名の位置，デザイン，サイン等によって判断した。
　　＊千代紙や絵封筒類の名称は，可能な限り大阪柳屋発行の『美術と文芸』『柳屋』を参照した。また〈　〉付の名称は，仮名称または通称である。
　　＊収蔵品は合巻に仕立て直されているため，周囲が切りつめられている。

「○○さんに聞かなければわからない」状態は，皆無が望ましい。典拠の情報や記述の根拠を明記することで，情報の信頼性を高めている。
　本書は10周年記念出版物でもあるため，開館までの経緯，創立

以来 12 年間の展示一覧,組織歴,歴代スタッフに関するまとまった情報も収録する。しかし館史として独立した長文記述は避け,コンパクトに巻頭文中に収める形をとる。夢二年譜も最小限にとどめ,館オリジナル情報となる5名7本の研究成果（論文・解題）収録を優先させている。企画展図録では珍しくない体裁だが,資料目録の作成・公開に集中すると,研究情報の充実という意識は希薄になりがちである。目録作成と本書準備過程で成長した最新の資料情報をともなう点も,本書の価値を確実に高めている。

（4）編者について

編集担当の太田昌子館長は,コレクション・ドキュメンテーションと関わりの深い美術史研究者である。中世水墨画の題賛・題詩を読解し解説を加えた『禅林画賛』[7]では,本文執筆のほか編集責任者として「掲載作品収録図録集」などの各種参考資料を担当し,説話と図像満載の『いまは昔　むかしは今』全5巻[8]では,本文執筆と索引「図像から読みとったイメージと事柄の索引」の編集を担当。金沢美術工芸大学赴任後は,同学所蔵の近世絵手本・画譜類約 100 点すべてに画像・リンクリスト・キーワードを付与し,データベースとして公開する事業を主担当[9]。日本・東洋美術史,イメージ研究などの経験から,良質のカラー図版や作品情報を整備する効果や意義を熟知する専門家なのである。そのような適材なくしては,本書は実現しなかったことを最後に付記しておく。

おわりに

資料目録の作成・公開は,最初からデジタルという館もある。しかしアナログ印刷物もいまだに有効で,内容の更新性に弱いが,検

索語不要で利用できる。一覧性の良さは，館の広報ツールの役目も果たし，一連の作業は，将来のインターネット公開への備えとして活きる。

　作成には心血が注がれながらも，印刷物の目録は，予算や管理上の理由で，機関への寄贈だけに限られることも多い。夢二館のように個人への頒布の途があることは，所属不定の研究者や各地の愛好家への配慮であるばかりでなく，館を大事に思う地域の人々への還元ともなる。

　目録作成とともに，資料情報の公開では，資料カードや調査記録等に加え，実物資料の代替物となる詳細な資料写真を中心とすべきことや，研究情報も利用者が活用できるように整備することが推奨されている[10]。夢二館の図録はその好事例であり，各種の工夫で，目録機能を確保しながら，一般の人にも親しめる一冊となっている。

　カタログレゾネに要求される，作品1点ごとの来歴情報や，展覧会履歴，文献掲載情報などを館内に蓄積し，適宜照会できるようにすること，今回対象外の収蔵品（複製版画類）の目録整備と公開準備，これらが夢二館の次の課題となるだろう。

　資料目録は，役目を終えた後もアーカイブズ資料として，館の活動と職員を支える。高頻度利用で少し疲れた外見になっていると，作り手は更に嬉しいものである。

引用参考文献・注

1：夢二に関する記述は，金沢湯涌夢二館編「竹久夢二について」 http://www.kanazawa-museum.jp/yumeji/about/index.html，（参照 2016-11-28），太田昌子「竹久夢二と金沢湯涌夢二館：展示活動と図録作成について」『竹久夢二　金沢湯涌夢二館収蔵品総合図録』金沢湯涌夢二館，2013，p.4-9 に拠る。
2：夢二郷土美術館編「施設概要」http://yumeji-art-museum.com/outline/，（参照 2016-11-28）．
3：竹久夢二伊香保記念館編「館内のご案内」http://www.yumeji.or.jp/forest.html，（参照 2016-11-28）．
4：竹久夢二美術館編「所蔵作品」http://www.yayoi-yumeji-museum.jp/yumeji/collection.html，（参照 2016-11-28）．
5：カタログレゾネについては，島本浣「カタログレゾネ・画集」『美術カタログ論』三元社，2005，p.181-185．に詳しい。
6：夢二館の図録では，作品に該当しない夢二の書簡や遺品も含めて，夢二資料を「作品」，図録篇掲載の作品写真を「図版」と呼ぶ。本稿では，「作品」は「資料」を，「図版」は「資料写真」の語を用い，図録の説明で必要な場合に限り「作品」「図版」を使用した。
7：『禅林画賛：中世水墨画を読む』毎日新聞社，1987．
8：『いまは昔　むかしは今』第 1-5 巻，索引，福音館書店，1990-1999．
9：金沢美術工芸大学附属図書館編「絵手本 DB の概要」http://www.kanazawa-bidai.ac.jp/tosyokan/edehon/main1.htm，（参照 2016-11-28）．
10：『資料取り扱いの手引き』（博物館の望ましい姿シリーズ 2）日本博物館協会，2004，p.20-21．

あとがき

　本「博物館情報学シリーズ」の企画構想時から数えれば，すでに3年の歳月が流れてしまいました。個人的な感想をお許しいただければ「難産の末ようやく第一子が誕生した」ということになりましょうか。執筆者をはじめ関係者の並々ならぬ忍耐力の賜物として，この世に生を受けたというほかありません。学問的基盤が確立されていない中で，「博物館情報学」として大言壮語してよいものかどうか，別の言葉で表現すれば，博物館の情報学研究の意義そのものに対する懐疑的態度もあったことは確かです。

　本書は，博物館情報の原点ともいうべき「目録とカタログ」に焦点を当てました。田窪先生の論考によって博物館情報学の立ち位置がわかりますし，田良島先生の調査研究による博物館目録の歴史的考察も興味深い論考です。博物館活動の記録化の重要性を説いた宮瀧先生の論考も博物館情報を考える上での哲学ともなる言説でしょう。事例研究としてご執筆いただいた毛塚先生にも，暗黙知の開示という点で感謝したいと思います。

　かくして生みの苦しみがあった以上，次に待ち受けているのは育ての苦しみでしょう。いったん出版物として世に送り出した以上，この分野の研究者仲間を増やし，切磋琢磨を続け，リーダーシップを発揮していくことも私たちの責務だと思います。どうか，博物館情報学という未熟なわが子を叱咤激励し，良きアドバイスをいただければ幸いです。

　2017年1月

水嶋英治

参考図書案内
(さらなる学習のために)

図書館情報学ハンドブック編集委員会編『図書館情報学ハンドブック』第2版，丸善，1999.
▶図書館情報学の分野を横断的に見渡し，体系立ててまとめている。1,145ページにも及ぶ大書は，文字どおりハンドブックである。法律や技術的な部分ではやや色褪せしているところがあるが，基本的な情報はすべて書かれている。博物館情報学の一分野と考えられるドキュメンテーション（情報管理）についても詳しく解説されているので参考になる。座右の書として活用したい。

E.Orna & Ch.Pettitt 編，安澤秀一監修，水嶋英治編訳『博物館情報学入門』勉誠出版，2003.
▶博物館と情報の関係をいち早く考察した E.Orna と Ch.Pettitt の名著である。*Information Management in Museums*（2nd edition, 1998）を刊行した E.Orna は次々と博物館と情報の関係について出版していった。イギリス国内ばかりでなく，世界で一定の支持をうけているからであろう。本書は邦文で読める博物館情報学の翻訳書であり，博物館の情報化を考える上で参考となる一冊である。

島本浣『美術カタログ論：記録・記憶・言説』三元社，2005.
▶本書の取り上げている対象は主として美術作品と美術館カタログであるが，博物館関係者にとっても一度は通読しておきたい文献である。本書第3章でも取り上げたように「カタログと目録の違い」も本書を読めば理解できるし，「競売カタログ」の歴史的発展やカタログ・レゾネについても詳細に記述されている。後半部は「言説としてのカタログ」として美術カタログ全体の流れをまとめている。

余嘉錫, 古勝隆一・嘉瀬達男・内山直樹訳注『目録学発微：中国文献分類法』(東洋文庫 837) 平凡社, 2013.
- ▶著者の余嘉錫 (1884-1956) が 1930-40 年代に北京の諸大学での講義をまとめた教科書で, 目録学という学問を体系的に論じた書である。副題にあるように, 中国文献分類法ではあるが,「目録」という名称について説明されているので博物館関係者にとっても有益な情報になるに違いない。本書は「目録学の意義とその効用」「目録という名称」「目録所の体制」「目録学の歴史」「目録の分類体系」という構成になっている。余嘉錫の最大の貢献は, 目録を「学術の史」と位置づけた点にあるといわれるが, 目録そのものを研究することも意義あるだろう。

大堀哲・水嶋英治編著『博物館学Ⅲ　博物館情報・メディア論, 博物館経営論』学文社, 2012.
- ▶これから学芸員を目指そうとする大学生のために書かれた教科書である。しかし, 現職学芸員や博物館スタッフの学び直しに役立つよう最新情報や新しい博物館情報メディアの動向についても記述されている。博物館における情報メディアの意義, 博物館情報メディアの理論, 博物館における情報発信, 博物館と知的財産, 博物館の情報環境を巡る諸課題について解説されているので全体を通して通読すれば新しい傾向についても把握できる内容になっている。

佐々木健一『タイトルの魔力：作品, 人名, 商品のなまえ学』(中公新書) 中央公論新社, 2001.
- ▶サブタイトルを読めば何となく想像できるだろうが, 芸術作品におけるタイトルの役割とその歴史に関する論考である。美術館関係者ならばぜひとも一読を薦めたい。美術館学入門書といってもよい内容である。能書きをクドクドと記すより本書に登場するキーワードを示したほうがきっと読んでみようと思うに違いない。以下キーワードを示す。本名と別号, 名づけの行為, 商品名とタイトルの場所, タイトルの空

間(額縁,箱書),展覧会の出品目録における作品名,売り立て目録における画面の記述,美術館におけるプレートの制度化,理論としてのタイトルなど。

Brian, Abell-Seddon. *Museum Catalogues：A Foundation for Computer Processing.* London, Clive Bingley, 1988, 224p.
▶パソコンの登場により,博物館資料の目録に対するコンピュータ応用への注目が高まった時期に出版されたもので,コンピュータに関するところは今となっては古い。しかしながら,この世界の目録の特徴分析が行われ,図書館目録には存在しない命名法の問題,データ構造化の問題,語彙統制の問題など,コンピュータを利用する前に考えるべき目録法に関する"古典的"諸問題が扱われており,今もなお,博物館資料の目録を考える際に参考となる一冊である。なお,これについては,以下で詳細に紹介されている。田窪直規ほか「作品情報管理の基礎:アベル-セダンの諸説を通じて」『アート・ドキュメンテーション研究』第3巻第2号,1993, p.18-26.

Miche, Melot. *Milabilia：Essai sur l'Inventaire général du patrimoine culturel.* Paris, Edition Gallimard, 2012, 224p.
▶フランスの国立図書館での長年にわたる実務経験をもとにまとめた『文化遺産目録試論』である。技術書やノウハウものとは一線を画し,正面から目録とは何かを論じた大作。「大聖堂からスプーンまで」「文化遺産のイメージ」「目録から学ぶこと」「無形文化遺産と観念論」など目録の存在意義と疑念について論述している。

さくいん

あ行

- アクセス・ポイント ……………… 65
- 佚書 ………………………………… 92
- 印刷物 …………………………… 192
- インタフェース …………………… 56
- 閲覧目録 …………………………… 60
- 大倉集古館 ……………………… 151
- オーセンティシティ …………… 111
- オントロジ ………………………… 69

か行

- 解題 ………………………………… 95
- 概念参照モデル …………………… 68
- カタログ …………………………… 98
- カタログレゾネ ………………… 185
- 価値基準 ………………………… 110
- カナダ文化遺産情報ネットワーク
  ……………………………………… 71
- 紙媒体 …………………………… 181
- 管理番号 ………………………… 138
- 希少性 ……………………………… 57
- キャリヤー ………………………… 55
- 教育的価値 ……………………… 111
- 記録遺産 ………………………… 112
- 記録価値 ………………………… 107
- 公開業務 ………………………… 167
- 公開性 ……………………………… 26
- 公共財 ……………………………… 27
- コード性 …………………………… 56
- 国際ドキュメンテーション委員会 … 67
- 国際博物館会議 …………………… 66
- 国際標準書誌記述 ………………… 65
- 国際標準図書番号 ………………… 74
- 国立国会図書館 ………………… 131
- コレクション・ドキュメンテーション
  ……………………………………… 62
- コンテンツ・ビジネス …………… 14

さ行

- サブジェクト性 …………………… 57
- 自然語 ……………………………… 75
- 自然史標本 ……………………… 117
- 実物資料 …………………………… 18
- 事務目録 …………………………… 60
- 社会的使命 ……………………… 175
- 蒐集品目録 ……………………… 103
- 主題検索 ………………………… 106
- 出所 ……………………………… 188
- 叙 …………………………………… 93
- 証言 ………………………………… 38
- 証拠 ………………………………… 38
- 常設展図録 ……………………… 170
- 情報公開 ………………………… 167
- 書架目録 …………………………… 60
- 所在情報 …………………………… 65
- 書誌記述 …………………………… 65
- 史料 ……………………………… 113
- 試料 ……………………………… 116
- 資料カード ……………………… 101
- 資料概念 …………………………… 9
- 資料保管機関 …………………… 155

神宮農業館 …… 148
真正性 …… 38, 111
真正品 …… 25
図版番号 …… 188
図版目録 …… 146
正確性 …… 23
成長性 …… 29
世界の記憶 …… 116
説明責任 …… 20
専門用語 …… 187
総合目録 …… 72
創造性 …… 31

た行

大英博物館刊本目録 …… 64
台帳 …… 90
台帳記載方針 …… 137, 139
知識情報資源 …… 107
知的情報伝達システム …… 40
珍奇の部屋 …… 96
陳列 …… 24
帝国博物館 …… 134
帝国博物館天産部動物標本目録 …… 135
逓信博物館 …… 151
データ …… 17
データ標準 …… 63
デジタル・キュレーション …… 14
デジタル図書館 …… 54
展示 …… 24, 156
展示図録 …… 171
展示批評 …… 178
東京帝室博物館天産部海産貝類標本目録
　…… 139
統制 …… 75

統制語 …… 75
同定 …… 42
登録台帳 …… 117
ドキュメンテーション …… 51
ドキュメンテーション標準 …… 63
ドキュメンテーション理論 …… 33
図書館情報学 …… 49
図書館目録 …… 60, 79

な行

ネットワーク情報資源 …… 21

は行

配列 …… 98, 188
ハウスキーピング業務 …… 62
博物館学 …… 7
博物館価値 …… 36
博物館活動 …… 157
博物館情報 …… 8, 18
博物館ドキュメンテーション …… 62
博物館目録 …… 78
パリ原則 …… 65
美術品台帳 …… 146
非文字資料 …… 116
複製品 …… 25
文化的多様性 …… 31
分担目録作業 …… 70
変化過程 …… 36
篇目 …… 92
保管 …… 156
翻刻 …… 189

ま行

- マイクロフィルム技術 ……… 51
- ミュージアリティ ……… 39
- 名辞化 ……… 40
- メタ博物館学 ……… 33
- メッセージ ……… 55
- 目 ……… 93
- 目録 ……… 89
- 目録学 ……… 90
- 目録化率 ……… 118

や行

- 唯一メディア ……… 59
- 遊就館 ……… 148
- 用語管理 ……… 34

ら行

- 来歴 ……… 138

- リニューアル ……… 179
- リンクト・オープン・データ（LOD） ……… 80
- 歴史的価値 ……… 110
- 列品総台帳 ……… 142
- 列品台帳 ……… 143
- 列品目録 ……… 131, 143
- 録 ……… 93

わ行

- 和名 ……… 140

アルファベット

- CIDOC 情報カテゴリー ……… 67
- OCLC ……… 70
- SPECTRUM ……… 66

[編著者]

水嶋　英治（みずしま・えいじ）
　東京理科大学理工学部卒業，フランス国立文化財学院修了，筑波大学大学院人間総合科学研究科博士後期課程世界文化遺産学専攻修了
　博士（世界遺産学）
　現在　筑波大学教授（図書館情報メディア系）
　主著　『博物館情報論』（共著，樹村房，1999）
　　　　『博物館情報学入門』（翻訳，勉誠出版，2002）
　　　　『デジタル・アーカイブの資料基盤と開発技法』（共著，晃洋書房，2016）

田窪　直規（たくぼ・なおき）
　博士（図書館情報学）
　現在　近畿大学教授，司書課程・学芸員課程担当
　著書，論文など多数

[執筆者]

田良島　哲（たらしま・さとし）
　京都大学大学院文学研究科博士後期課程中退
　文学修士
　現在　東京国立博物館学芸企画部博物館情報課長
　主著　「文化財情報の記述項目：現状の分析と系統化の課題」（『情報知識学会誌』vol.13, no.1, 2003）
　　　　「資料紹介　森鷗外自筆手稿「上野公園ノ法律上ノ性質」」（『MUSEUM』645, 2013）
　　　　『東京国立博物館図版目録 中世古文書篇』（共編著，東京国立博物館，2014）

宮瀧　交二（みやたき・こうじ）
　立教大学大学院博士後期課程史学専攻（日本史専修）学位予備論文提出退学
　博士（学術）
　埼玉県立博物館主任学芸員を経て，現在　大東文化大学文学部教授
　主著　「博物館展示の記録化について」『博物館研究』（vol.47 - 7, 2012）
　　　　『岡倉天心　思想と行動』（共著，吉川弘文館，2013）
　　　　『歴史をよむ』（共著，東京大学出版会，2004）

毛塚　万里（けづか・まり）
　武蔵大学大学院人文科学研究科日本語日本文学専攻修了
　文学修士
　現職　志度寺学芸員（日本アーカイブズ学会登録アーキビスト）
　主著　『桶と樽：脇役の日本史』（共著，法政大学出版局，2000）
　　　　『チェスター・ビーティ・ライブラリ蔵絵巻・絵本解題目録』（共著，勉誠出版，2002）
　　　　『これからのアーキビスト』（共著，勉誠出版　2014）

[企画編集委員]

水嶋　英治　（筑波大学図書館情報メディア系教授）

水谷　長志　（東京国立近代美術館情報資料室長）

田窪　直規　（近畿大学司書課程・学芸員課程教授）

田良島　哲　（東京国立博物館学芸企画部博物館情報課長）

若月　憲夫　（宮城大学事業構想学部非常勤講師）

博物館情報学シリーズ…1
ミュージアムの情報資源と目録・カタログ

2017年1月27日　初版第1刷発行

編著者Ⓒ　水　嶋　英　治
　　　　　田　窪　直　規

〈検印省略〉　　発行者　大　塚　栄　一

発行所　株式会社　樹村房
　　　　　　　　　JUSONBO

〒112-0002
東京都文京区小石川5-11-7
電　話　　03-3868-7321
ＦＡＸ　　03-6801-5202
振　替　　00190-3-93169
http://www.jusonbo.co.jp/

組版・印刷・製本／倉敷印刷株式会社

ISBN978-4-88367-273-8　乱丁・落丁本は小社にてお取り替えいたします。